ESTE
TESOURO
PERTENCE A

____

EDITORA WISH
EDIÇÃO ESPECIAL

Fábulas BUDISTAS

RECONTADOS PELA HEROÍNA DA SEGUNDA GUERRA

NOOR INAYAT KHAN

Fábulas BUDISTAS

20 CONTOS JATAKA

WISH

TRADUÇÃO
Karine Ribeiro

PREPARAÇÃO
Larissa Salomé

REVISÃO
Yasmine de Lucca
Bárbara Parente

CAPA E DIAGRAMAÇÃO
Marina Avila

ILUSTRAÇÕES
Brenda Bossato

2ª edição
2025, Leograf

DADOS INTERNACIONAIS DE CATALOGAÇÃO NA PUBLICAÇÃO (CIP)
Catalogação na fonte: Bibliotecária responsável: Ana Lúcia Merege - CRB-7 4667

K 45
Khan, Noor Inayat
Fábulas budistas : 20 contos Jataka / recontados por Noor Inayat Khan; tradução de Karine Ribeiro. - São Caetano do Sul, SP: Wish, 2025. 160 p.
Tradução de : Twenty Jātaka tales
ISBN 978-65-5241-024-5

1. Literatura infantojuvenil 2. Contos budistas I. Ribeiro, Karine II. Título CDD 028.5

ÍNDICE PARA CATÁLOGO SISTEMÁTICO
1. Literatura infantojuvenil 028.5
2. Contos budistas 294.34432

EDITORA WISH
www.editorawish.com.br
Redes Sociais: @editorawish
São Caetano do Sul - SP - Brasil

Faça o bem de coração,
repita sempre essa lição,
e terá felicidade em sua mão.

BUDDHA SIDDHARTHA GUATAMA SHAKYAMUNI
ADAPTADA COM RIMAS

SUMÁRIO

EXTRAS

FÁBULAS BUDISTAS

UMA BREVE INTRODUÇÀO À REFLEXÀO

Um guia para cultivar a paz interior, a empatia e o equilíbrio em um mundo caótico

POR LORENA CAMILO

Preciso lhe fazer duas perguntas: você consegue imaginar um mundo onde todas as crianças, desde o nascimento, são ensinadas a lidar com suas emoções, a se comunicarem com empatia, a tratarem a si mesmas e os outros com gentileza, e a encontrarem paz em meio ao caos? Agora, pense no futuro dessas crianças: como seria se, ao invés de buscar o sucesso como o conhecemos hoje, elas fossem ensinadas a cultivar a compaixão e felicidade interior?

Onde quer que suas reflexões o tenham levado, mais importante do que encontrar respostas definitivas, essas perguntas são convites para uma autoanálise. *A sua autoanálise.* Pense no impacto que valores como empatia, compaixão e paciência podem ter em nossas vidas. Como lições aprendidas na infância têm o poder de ressoar em nossa formação, moldando adultos mais conscientes e emocionalmente preparados.

Este livro, *Fábulas budistas: 20 contos jataka*, é um convite para uma jornada de autodescoberta e reflexão. *A sua jornada.* Por meio de *jatakas*, histórias que retratam as vidas anteriores do monge Sidarta Gautama (बुद्ध), popularmente conhecido como Buda, são transmitidos valiosos ensinamentos por meio de metáforas e fábulas que transcendem gerações. Nessas narrativas, encontramos Buda em diferentes formas – seja como humano ou animal –, sempre nos revelando lições de compaixão, sabedoria e equilíbrio. Então, seja você uma criança descobrindo o mundo ou um adulto buscando reconectar-se com sua essência e sua criança interior, ao mergulhar nessas histórias simples e lúdicas, perceberá que elas são mais do que contos; são reflexões sobre o comportamento humano e a busca pela virtude. Nas entrelinhas, encontrará chaves para o desenvolvimento emocional e pílulas de sabedoria atemporais que podem expandir sua consciência e trazer maior harmonia à vida cotidiana.

Isso porque o budismo transcende ideologias religiosas por ser uma filosofia e prática espiritual que surgiu há mais de 2.500 anos, fundada pelos ensinamentos de Buda. O monge teve como objetivo oferecer uma perspectiva única sobre como viver de maneira mais plena, consciente, ética e equilibrada. É por essa razão que este livro é necessário. A atualidade nos pede uma pausa.

Vivemos no século XXI, em uma sociedade que nos desafia constantemente. As demandas por produtividade, sucesso e realização externa estão sempre presentes, nos desconectando de nossa essência, criando uma sensação de vazio e insatisfação, muitas vezes difícil de compreender. Cada vez mais, vemos pessoas lidando com estresse, ansiedade, angústia, somatizações e sentimentos de insuficiência, buscando no mundo exterior uma felicidade que parece sempre distante.

Inspire. Expire. Conecte-se com cada uma das vinte fábulas. Elas convidam você a fazer o caminho inverso, de olhar para dentro, cultivar o equilíbrio emocional e encontrar a verdadeira paz, que não depende de conquistas materiais, mas de uma profunda conexão com quem se é. Aqui, a filosofia budista oferecerá uma reflexão poderosa e acessível, baseada nos princípios das *Quatro nobres verdades,* que servem como um guia essencial para o entendimento do sofrimento, e no *Caminho óctuplo*, um manual prático para uma vida equilibrada.

As *Quatro nobre verdades* ensinam que o sofrimento é parte da existência, mas que ele pode ser compreendido e superado quando reconhecemos que nasce do apego de nossos desejos. No momento em que compreendemos que nutrimos apegos – seja ele físico, mental ou emocional – e isso nos gera angústia, damos o primeiro passo para desapegar e encontrar maneiras equilibradas de seguir um caminho de plenitude.

Contudo, é um fato: seres humanos são naturalmente apegados e relutam em mudar. Mas, se desde cedo aprendermos boas práticas para lidar com nossa mente e nossos sentimentos, seremos capazes de tratar a nós e aos outros com empatia, respeito e compaixão. O *Caminho óctuplo*, nesse ponto, se torna mais do que bem-vindo. Ele nos direcionará a ver a vida com clareza, a ter boas intenções e pensamentos, a utilizar palavras e ações voltadas para o bem, nos guiando a contribuir para o bem-estar da sociedade, ao discernimento de evitar causar mal ao outro, a nos manter atentos e conscientes no momento presente, e assim a existência poderá ser vivida com mais equilíbrio e paz.

Buda eternizou o pensamento: *Tudo o que*

somos é o resultado do que pensamos. A mente é tudo. No que pensamos, nos tornamos. Então, decida-se. Ouse. Tenha coragem e esteja aberto à mudança. Seus pensamentos e suas ações são chaves para moldar uma realidade mais harmoniosa. Embora "felizes para sempre" seja um final lúdico para as fábulas, o verdadeiro convite dessas fábulas é que você reflita, se conecte com suas crenças e experimente momentos de felicidade. Sinta o presente e permita que os ensinamentos das vidas de Buda inspirem uma vivência plena.

Sabbe Satta Sukhi Hontu, "que você e todos os seres sejam felizes". Desejo que essa intenção ressoe em sua leitura e traga luz e harmonia à sua vida.

LORENA CAMILO

Mestra em Estudos Literários na área de pesquisa Literaturas Modernas e Contemporâneas; e bacharel em Letras em duas ênfases, Estudos sobre Edição com formação complementar em Comunicação Social e em Estudos Literários pela UFMG. É editora, revisora e redatora, além de aficionada por arte e cultura pop.

TRANSFORMANDO FÁBULAS EM DIÁLOGO: UM GUIA PRÁTICO

Este livro é uma ferramenta para iniciar conversas importantes. O objetivo não é chegar a conclusões, mas sim cultivar o hábito de pensar e sentir juntos. Explore estes passos para aproveitar ao máximo cada conto.

1 **Crie um Momento de Conexão**
Primeiro, encontre um ambiente calmo. A história é a ponte para a conversa. Durante a leitura, seu papel é o de narrador. Deixe a fábula fazer seu trabalho, envolvendo a criança em seu universo e permitindo que ela crie suas próprias imagens e sentimentos.

2 **Faça uma Pausa Consciente**
Ao terminar a história, experimente um momento de silêncio. Essa pausa

permite que a narrativa e suas emoções decantem na mente da criança, criando um espaço fértil para a reflexão que virá a seguir.

3 Adote a Postura do Guia Curioso

Sua atitude durante o diálogo é o que torna a experiência rica e segura.

Pratique a escuta ativa: A maior conexão acontece quando a criança se sente genuinamente ouvida e compreendida em sua perspectiva única.

Desperte a curiosidade: Use perguntas abertas como "Que interessante! O que te fez pensar isso?" para aprofundar a reflexão e mostrar que a opinião dela é valiosa.

Compartilhe com vulnerabilidade: Ao oferecer seu ponto de vista, experimente usar "Eu sinto que..." ou "Isso me faz pensar em...". Isso posiciona sua visão como mais uma perspectiva no diálogo, convidando a criança a fazer o mesmo.

Lembre-se: cada conversa é uma semente. O valor está no ato de explorar juntos, fortalecendo o vínculo e construindo, pouco a pouco, uma mente mais reflexiva e um coração mais consciente. Boa leitura!

FÁBULAS BUDISTAS

E ENQUANTO BUDA ESTAVA SENTADO, E TODOS AO REDOR OUVIAM, ESTAS FORAM AS HISTÓRIAS QUE ELE CONTOU.

— Minhas crianças — disse ele —, não é a primeira vez que venho a vocês como Buda. Vim muitas vezes antes, em algumas ocasiões, como uma criança entre as criancinhas; em outras, entre os animais, como um deles, amando-os como amo vocês agora; às vezes, na Natureza, entre as flores, tracei um caminho para vocês sem que soubessem. Assim, seu Buda uma vez veio como um macaco entre os macacos, como um cervo entre os cervos, e foi seu líder e seu guia.

NOOR INAYAT KHAN / 1939

A PONTE DO MACACO

A lealdade de um macaco a seus súditos mostra que liderança verdadeira é governar com compaixão.

Uma vez, um macaco gigante governou oito mil macacos nas montanhas do Himalaia. O rio Ganges serpenteava pelos rochedos onde viviam, antes de alcançar o vale em que as cidades foram construídas. E lá, onde a água borbulhante caía, de pedra em pedra, havia uma árvore magnífica. Na primavera, florescia branca e macia, mais tarde, ficava carregada de frutas tão maravilhosas que nenhuma outra podia ser comparada a elas, e os ventos doces das montanhas conferiam-lhes a doçura do mel.

Como os macacos eram felizes! Eles comiam a fruta e viviam à sombra da magnífica árvore. Os galhos de um dos lados avançavam sobre a água. Assim, quando floresciam, os macacos comiam ou destruíam as flores naqueles galhos, para que as frutas não crescessem ali, e, se uma crescesse, eles a arrancavam, ainda bem pequenina, pois o líder, vendo o perigo, os avisara dizendo:

— Cuidado, não deixem a fruta cair no rio, muito menos que seja levada para a cidade, pois os homens, vendo-a tão bonita, podem procurar a árvore, seguindo o rio até as montanhas e, se a encontrarem, levarão todas as frutas, e nós teremos que fugir daqui.

Assim, os macacos obedeceram e, por um tempo, nenhuma fruta caiu na água. Mas chegou o dia em que uma fruta madura, escondida por um formigueiro entre as folhas, caiu na água e foi levada pela corrente rio abaixo, entre as montanhas rochosas, para o vale onde ficava a grande cidade de Benares, nas margens do rio Ganges. Naquele dia, no momento em que a fruta passava por Benares, empurrada pelas pequenas ondas do rio, o rei Brahmadatta se banhava na água entre duas redes que alguns pescadores seguravam enquanto ele mergulhava e nadava e brincava com os pequenos raios de sol refletidos na água. E a fruta ficou presa em uma das redes.

— Que maravilha! — exclamou o pescador que a viu primeiro. — Onde será que cresce tal fruta?

Com os olhos brilhando, ele a mostrou para o rei.

Brahmadatta olhou para a fruta e se maravilhou com sua beleza.

— Onde pode ser encontrada a árvore que dá esta fruta? — perguntou-se.

Então, chamou alguns lenhadores perto da margem do rio e indagou se sabiam da fruta e onde crescia.

— Majestade — disseram —, é uma manga, uma manga maravilhosa. Uma fruta assim não cresce em nosso vale, mas nas montanhas do Himalaia, onde o ar é puro, e os raios de sol, livres. Sem dúvida a árvore fica ao lado do rio e a fruta caiu na água, sendo trazida até aqui.

O rei pediu que os homens a provassem, e depois que eles o fizeram, ele também provou, e deu a seus ministros e assistentes.

— De fato — disseram —, é uma fruta divina. Nenhuma outra se compara a ela.

Os dias e as noites passaram devagar, e Brahmadatta ficou cada vez mais inquieto. A vontade de provar a fruta mais uma vez crescia a cada dia. À noite, ele via em seus sonhos a árvore encantada, com cada galho carregado de centenas de taças douradas com mel e néctar.

— Decerto precisa ser encontrada — disse o rei um dia, e ordenou que um barco fosse preparado para navegar pelo rio Ganges acima, até as montanhas do Himalaia, onde talvez a árvore fosse encontrada. E o próprio Brahmadatta acompanhou os homens.

Longa foi a jornada, passando por campos de flores e arrozais, mas, por fim, uma noite o rei e seus súditos chegaram às montanhas e, olhando ao longe, o que viram? Lá, sob o luar, estava a tão almejada árvore, suas frutas douradas brilhando por entre a folhagem.

Mas o que se mexia nos galhos? Que pequenas sombras eram aquelas entre as folhas?

— Vejam — disse um dos homens —, é um bando de macacos.

— Macacos! — exclamou o rei. — Comendo a fruta! Cerquem a árvore e talvez eles não consigam escapar. Ao entardecer, nós os abateremos e comeremos a carne e a manga.

As palavras chegaram aos ouvidos dos macacos, que, trêmulos, disseram ao seu líder:

— Ai de nós! Você nos alertou, amado líder, mas algumas frutas talvez tenham caído na água, pois os homens chegaram até aqui. Eles cercaram nossa árvore e não podemos escapar, pois a distância até a próxima árvore é muito grande para que possamos pular. Ouvimos as palavras de um dos homens: "Ao entardecer, nós os abateremos e comeremos a carne e a manga".

— Eu os salvarei, meus pequeninos — disse o líder. — Não temam, mas façam o que eu digo.

Depois de consolá-los, o poderoso líder subiu no galho mais alto da árvore. Rápido como o vento passando pelas rochas, ele pulou uma longa distância e pousou em uma árvore perto da margem oposta. Lá, à beira da água, pegou um longo junco pela raiz e pensou: *Amarrarei uma extremidade do junco a esta árvore e a outra a minha pata. Depois, tornarei a pular para a mangueira, então uma ponte se formará, por onde meus macacos poderão escapar. Longe pulei, o junco é muito maior do que a distância que percorri, logo, poderei amarrá-lo nesta árvore.* E, com o coração cheio de alegria, ele pulou de volta para a mangueira.

Mas, ai! O junco era muito curto, e ele só conseguiu alcançar a ponta de um galho. O líder não pensou que o junco precisava ser longo o suficiente para permitir que ele ficasse de pé. Com muito esforço, agarrou-se ao galho e chamou seus oito mil discípulos.

— Corram pelas minhas costas até o junco, e estarão salvos.

Um por um, os macacos correram sobre ele. Mas um deles, chamado Devadatta, pulou forte demais nas costas do líder. Ai! Uma dor profunda o atingiu, suas costas estavam quebradas. E o maldoso Devadatta foi embora, deixando o líder para sofrer sozinho.

Brahmadatta havia visto tudo o que acontecera e lágrimas transbordaram de seus olhos ao notar o líder macaco ferido. Ordenou que descessem o macaco da árvore, onde ainda se pendurava, que o banhassem nos mais doces perfumes, embrulhassem-no em vestes amarelas e lhe dessem água fresca para beber. Quando o líder já estava banhado e vestido, deitou-se debaixo da árvore, e o rei se sentou ao seu lado e disse:

— Você fez de seu corpo uma ponte para que os outros atravessassem. Não sabia que perderia a vida ao fazer isso? Deu a vida para salvar seus súditos. Quem é você, abençoado, e quem são eles?

— Ó rei — respondeu o macaco —, sou o líder e o guia deles. Eles vivem comigo nesta árvore, e eu fui o pai deles e os amei. Não sofro por deixar este mundo, pois dei aos meus súditos a liberdade. E se minha morte for uma lição para você, então estou mais do que feliz. Não é a espada que faz de você um rei, é o amor, apenas o amor. Não se esqueça de que sua vida não é pouco para dar se, ao dá-la, você estiver garantindo a segurança de seu povo. Não os governe pelo poder, como se fossem seus súditos, não; governe-os com amor, pois são seus filhos. Dessa forma, você será rei. Quando eu não mais estiver aqui, não esqueça minhas palavras, ó Brahmadatta!

O abençoado fechou os olhos e morreu.

O rei e seu povo ficaram de luto por ele, e foi construído um templo em seu nome, puro e branco, para que suas palavras nunca fossem esquecidas.

Brahmadatta governou seu povo com amor, e eles foram felizes para sempre.

FÁBULAS BUDISTAS

NÃO SOFRO POR DEIXAR ESTE MUNDO, POIS DEI AOS MEUS SÚDITOS A LIBERDADE.

DESENVOLVENDO PENSAMENTOS INDEPENDENTES

Explore estas questões com a criança para promover interpretação de texto, reflexão filosófica e o desenvolvimento de decisões pessoais.

1. O que os macacos faziam para evitar que os homens descobrissem sua árvore?

2. Como o líder dos macacos salvou seu bando dos homens?

3. O que você acha que significa sacrificar-se por alguém?

4. Como você pode mostrar liderança e cuidado com seus amigos e familiares?

Estas perguntas são um convite à reflexão. Sinta-se livre para adaptá-las ou criar novas. Se a leitura for antes de dormir, considere deixar a conversa para o dia seguinte, priorizando o relaxamento. O mais importante é o diálogo, não a resposta.

Fábulas
BUDISTAS

NOOR INAYAT KHAN / 1939

OS CÃES CULPADOS

Cães da cidade salvos da fúria do rei pela inteligência e bravura de seu líder ensinam o valor da justiça e da verdade.

Um dia, o rei passou pela cidade em sua magnífica carruagem, levada por seis cavalos brancos. Ao cair da noite, quando retornou, os cavalos foram levados ao estábulo, mas a carruagem foi deixada arreada no pátio.

Quando todos estavam adormecidos no palácio, começou a chover.

— É hora de nos divertirmos — disseram os cães do palácio, quando viram os arreios de couro molhados e amolecidos pela chuva.

Lá foram eles, na ponta das patas, para o pátio, e morderam e mastigaram as lindas correias. Depois de brincarem a noite toda, fugiram antes do amanhecer.

— Os arreios da carruagem real, comidos! Destruídos! — exclamaram horrorizados os cavalariços ao entrarem no pátio na manhã seguinte.

E, com os corações cheios de temor, foram contar ao rei.

— Vossa majestade — disseram —, os arreios da carruagem real foram destruídos durante a noite. Certamente foram os cães que roeram as lindas tiras.

O rei ergueu-se, furioso.

— Matem-nos todos — ordenou. — Acabem com cada cão que virem na cidade.

As ordens do rei logo chegaram aos ouvidos dos setecentos cães da cidade, e todos choraram amargamente. Mas havia um cão que era o líder, pois os amava e os protegia, e todos se empenharam em encontrá-lo.

— Por que vocês se reuniram aqui, hoje? — perguntou o líder, quando os viu chegar. — E o que os deixa tão tristes?

— O perigo nos rodeia — responderam os cães. — Os arreios da carruagem real, que ficou no pátio do palácio durante a noite, foram destruídos, e nos consideraram culpados pelo dano. O rei está furioso e ordenou que matem todos nós.

É impossível que qualquer cão da cidade entre pelos portões do palácio, pensou o líder. *Portanto, quem poderia ter destruído os arreios, senão os cães do palácio? Assim sendo, os culpados serão poupados e os inocentes, destruídos. Não, mostrarei os culpados ao rei, e os cães da cidade serão salvos.*

Esses eram os pensamentos do corajoso líder, e depois de consolar seus setecentos seguidores, ele entrou na cidade sozinho. A cada passo havia homens prontos para matá-lo, mas seus olhos eram tão cheios de amor que eles não ousavam tocá-lo. Quando chegou ao palácio, os guardas reais, enfeitiçados por sua aparição, deixaram-no entrar.

O líder entrou no salão da justiça onde o rei estava sentado no trono e os cortesãos o cercavam e, à visão de seu olhar impetuoso, todos permaneceram em silêncio.

Depois de algum tempo, o líder perguntou:

— Grande rei, é de sua vontade que todos os cães da cidade sejam mortos?

— Sim — respondeu o rei —, é de minha vontade.

— E que mal fizeram, ó rei?

— Eles destruíram os arreios de couro da carruagem real.

— Que cães provocaram o dano? — perguntou o líder.

— Não sei, por isso ordenei que todos fossem mortos.

— Todos os cães da sua cidade devem ser mortos ou alguns poderão viver?

— Os cães reais poderão viver — respondeu o rei.

— Ó rei — disse o líder em uma voz suave —, sua ordem é justa? Por que os cães do palácio são inocentes e os cães da cidade são julgados culpados? Aqueles de que você gosta serão salvos e os que não conhece serão mortos. Ó justo rei, onde está sua justiça?

O rei pensou por um momento e então disse:

— Sábio líder, diga-me, então, quem são os culpados.

— Os cães reais — respondeu o líder.

— Mostre que suas palavras são verdadeiras.

— Eu mostrarei. Ordene que os cães do palácio sejam trazidos aqui, ao salão da justiça, e dê a eles grama e leitelho para comer.

O rei fez como o líder pediu, e os cães reais foram trazidos e ordenados a comer a grama e o leitelho.

Pouco depois, tiras de couro saíram de suas bocas e caíram no chão. Os culpados foram encontrados.

O rei se levantou lentamente do trono.

— Suas palavras são verdadeiras — disse para o sábio líder. — Verdadeiras e puras como as gotas de chuva que caem do céu. Nunca o esquecerei enquanto eu viver.

Ele ordenou que todos os cães da cidade recebessem ricos banquetes e cuidados reais por toda a vida, e todos viveram felizes para sempre.

DESENVOLVENDO PENSAMENTOS INDEPENDENTES

Explore estas questões com a criança para promover interpretação de texto, reflexão filosófica e o desenvolvimento de decisões pessoais.

1. Quem destruiu os arreios da carruagem real?

2. O que o líder dos cães decidiu fazer para salvar os cães da cidade?

3. Por que é importante buscar a verdade antes de julgar alguém?

4. O que significa ser um líder justo e sábio, como o líder dos cães?

Estas perguntas são um convite à reflexão. Sinta-se livre para adaptá-las ou criar novas. Se a leitura for antes de dormir, considere deixar a conversa para o dia seguinte, priorizando o relaxamento. O mais importante é o diálogo, não a resposta.

Fábulas BUDISTAS

NOOR INAYAT KHAN / 1939

BANYAN

Um cervo dourado sacrifica-se pelo bem dos outros, inspirando o rei a poupar todas as criaturas.

De quem são esses olhos preciosos, cortando as sombras da floresta? De quem são esses chifres tão brilhantes quanto a lua crescente? Vejam, minhas crianças, com que rapidez esses cascos perolados passam pelos arbustos! Vocês não ouviram falar sobre o cervo dourado, meus pequeninos? Banyan, o rei dos cervos, é o seu nome.

Mas Banyan não era o único monarca na floresta de Benares. Ele reinava sobre quinhentos cervos, e outro rei, Branch, reinava sobre outros quinhentos.

O rei de Benares tinha o hábito de caçar cervos todos os dias. Antes de alcançar a floresta era preciso cruzar inúmeros campos, e o arroz, o milho e as plantas delicadas que os camponeses cultivavam eram pisoteados pelos cavalos e homens do rei.

— Misericórdia! — pediam os camponeses, mas as trombetas soavam, e as pobres vozes ficavam perdidas nos campos.

— Como podemos mudar isso? — questionavam-se. — Vamos espantar todos os cervos para os jardins reais, assim ele não passará mais em nossos campos para caçar.

Então os camponeses, depois de semear grama e escavar lagos no bosque do palácio, chamaram os homens da cidade e, com bastões e lanças, foram à floresta perseguir os cervos. Os homens primeiro cercaram a floresta, de forma que os cervos não pudessem escapar por nenhum lado, e então, brandindo suas lanças e armas, conduziram-nos para o bosque do palácio e fecharam o portão.

Não seria mais sábio se, a cada dia, um de nossos súditos fosse ao palácio para ser morto?

Banyan concordou, e assim foi ordenado. A cada dia um cervo ia ao palácio e colocava sua testa branca na pedra diante da porta. Num dia, um dos súditos de Banyan; no outro, um de Branch.

Um dia, uma cerva do bando de Branch, mãe de um pequeno bebê cervo, foi informada de que era sua vez de ir. Ao ouvir a notícia, correu até Branch e disse:

— Senhor, hoje é o dia em que devo ir ao palácio, mas meu pequenino é frágil e ainda precisa dos cuidados da mãe. Será que não posso ir mais tarde, quando ele for mais velho?

— Vá — ordenou Branch. — Outro não pode ir em seu lugar. Vá para o palácio, como foi ordenado que você faça.

Com o coraçãozinho trêmulo de tristeza, ela correu para Banyan e disse:

— Ó rei Banyan, chegou minha vez de ir ao palácio, mas tenho um pequenino que ainda precisa de mim. Será que não posso ir mais tarde, quando ele for mais velho?

— Volte para o seu pequenino — disse Banyan. — Garantirei que outro vá em seu lugar.

E, enquanto trovejava, ele correu entre as árvores e arbustos e apoiou a testa na pedra diante da porta do palácio.

— Ó, cervo dourado! Está aqui nesta pedra para ser morto! Ah, o que isso significa? — exclamou o homem que matava os cervos para o banquete do rei.

Sua faca caiu no chão e, fascinado, ele correu para contar ao rei o que havia visto. Assim como você, meu pequenino, correria para o irmão que lhe é querido, o rei correu para Banyan.

— Ó bela criatura — exclamou ele —, o que a trouxe a esta dolorosa pedra? Você não sabe que eu ordenei que você nunca seja morto? Cervo dourado, conte-me o que o trouxe aqui.

— Majestade — respondeu Banyan —, hoje era a vez de uma cerva branca, mãe de um jovem cervo; vim no lugar dela, pois seu pequenino é muito novo para ser deixado sozinho.

Lágrimas desceram pelas bochechas do rei e caíram na cabeça dourada de Banyan, que ele segurava entre as mãos. E, inclinando-se para o cervo, disse:

— Sua vida, ó ser divino, e a da mãe cerva serão poupadas. Levante-se e volte para o bosque.

— Majestade — respondeu Banyan —,

Depois, foram até o rei e disseram:

— Majestade, nós não podíamos mais trabalhar. Ai de nós! Quando você e seus homens iam caçar, nossos campos eram pisoteados pelos cavalos. Portanto, conduzimos os cervos para o bosque do palácio, semeamos grama e escavamos lagos para que eles possam comer e beber. Assim, vocês não precisam mais cruzar nossos campos.

A partir daquele momento, o rei não foi além de seu bosque para caçar. Todo dia ele observava o bonito bando e viu entre eles dois cervos dourados.

— Os cervos dourados não devem ser mortos — ordenou ele aos seus homens.

Assim, Banyan e Branch nunca foram tocados pelas flechas perfurantes. Mas os outros eram mortos a cada dia para o banquete do rei, depois de serem feridos várias vezes. Alguns cervos eram atingidos mil vezes antes de, por fim, morrerem pelas flechas dos caçadores.

Portanto, um dia Branch indagou a Banyan:

— Amigo do bosque, ouça minhas palavras: nossos súditos não apenas estão sendo mortos, mas feridos inutilmente. Um deve ser morto por dia, esse é o desejo do rei, mas por que tantos devem ser feridos antes que um seja capturado?

nossas vidas serão poupadas, mas e a da nossa espécie que corre no bosque?

— A vida deles também será poupada.

— Então os cervos no bosque do palácio serão salvos, mas e os outros cervos em seu reino, majestade?

— Eles também serão poupados — respondeu o rei.

— Ó rei — disse Banyan —, você poupará os cervos, mas e as vidas de todas as outras criaturas de quatro patas?

— Ó ser misericordioso — disse o rei —, todas elas serão libertadas.

— Majestade, elas serão libertadas, mas e os pássaros que voam no céu?

— Eles também serão poupados — respondeu o rei.

— Majestade, você poupará a vida das criaturas de quatro patas e dos pássaros, mas e os peixes que vivem na água? — perguntou Banyan.

— Eles também serão poupados.

O amor havia entrado no coração do rei. E ele reinou com amor, e todas as criaturas vivas de seu reino viveram felizes para sempre.

DESENVOLVENDO PENSAMENTOS INDEPENDENTES

Explore estas questões com a criança para promover interpretação de texto, reflexão filosófica e o desenvolvimento de decisões pessoais.

1. Por que o rei decidiu poupar os cervos dourados Banyan e Branch? O que isso nos diz sobre ele?

2. Como você se sentiria no lugar da cerva mãe que teria que ir ao palácio deixando seu filhote para trás? O que você faria no lugar dela?

3. Como você acha que a história do Cervo Dourado poderia nos ensinar sobre a importância de cuidar dos outros seres vivos?

Estas perguntas são um convite à reflexão. Sinta-se livre para adaptá-las ou criar novas. Se a leitura for antes de dormir, considere deixar a conversa para o dia seguinte, priorizando o relaxamento. O mais importante é o diálogo, não a resposta.

NOOR INAYAT KHAN / 1939

A TARTARUGA E OS GANSOS

Tartaruga levada por gansos ensina rei a falar com sabedoria.

— Venha conosco, amiga tartaruga — disseram dois gansos selvagens para uma velha e gentil tartaruga que vivia em um lago no Himalaia. — Temos um lar excelente em uma caverna de ouro, no monte Cittakutta.

— Não tenho asas — respondeu a tartaruga. — Como poderei chegar lá?

— Você pode manter sua boca fechada? — perguntaram os gansos.

— Sim, certamente.

— Então morda este galho e nós seguraremos cada ponta com nossos bicos e a levaremos pelo ar.

Assim, eles voaram sobre o topo das montanhas, com o mundo inteiro debaixo deles. Depois de algum tempo, transpunham os telhados de Benares.

— Que estranho! — riram algumas crianças que os viram passar. — Uma tartaruga sendo levada pelos gansos, no ar!

A tartaruga, ouvindo essas palavras, ficou muito inquieta, e uma pequena chama de raiva começou a crepitar em seu coraçãozinho.

— Por que vocês deveriam ligar se sou carregada pelo céu? — gritou.

Claro que não podia falar sem abrir a boca; seus dentes soltaram o galho, e a pobre tartaruga caiu no pátio do palácio do rei. De repente, a corte se tornou uma confusão. Ministros, nobres e guardas correram para as janelas e para as portas. As notícias chegaram até o rei, que se levantou do trono e foi ver a cena com seu conselheiro, um sábio homem da corte.

— Pobre tartaruga! O que a fez cair no pátio e quebrar seu belo casco verde? Conte-me — disse o rei para o conselheiro. — De onde ela caiu e por quê?

Acontece, minhas crianças, que era hábito do rei falar demais. Ele era gentil e de bom coração, mas em sua presença era difícil que outros tivessem a oportunidade de falar. Portanto, o conselheiro, sabendo o motivo da queda da tartaruga, pensou: *Eis a minha chance de ensinar uma lição para o nosso rei.*

— Majestade, alguns pássaros estavam carregando a tartaruga pelo céu, segurando cada ponta de um galho, com seus bicos, enquanto ela o segurava com os dentes. A tartaruga ouviu as crianças da cidade rindo dela. Certamente isso a fez ficar com raiva e ela não podia deixar de responder a elas, de forma que soltou o galho e caiu. Esse é o destino daqueles que não conseguem segurar a língua.

Essas palavras atravessaram o coração do rei, que sabia que a lição era para ele, e, daquele dia em diante, suas palavras se tornaram poucas e sábias, ele falava apenas quando era a hora e viveu feliz para sempre.

DESENVOLVENDO PENSAMENTOS INDEPENDENTES

Explore estas questões com a criança para promover interpretação de texto, reflexão filosófica e o desenvolvimento de decisões pessoais.

1. Como a tartaruga reagiu quando ouviu as crianças zombando dela?

2. O que aconteceu com a tartaruga quando ela respondeu às crianças?

3. Qual foi a lição que o rei aprendeu no final da história?

4. Como as palavras podem afetar nossas ações e decisões? Existe um poder nas palavras que podemos não perceber?

Estas perguntas são um convite à reflexão. Sinta-se livre para adaptá-las ou criar novas. Se a leitura for antes de dormir, considere deixar a conversa para o dia seguinte, priorizando o relaxamento. O mais importante é o diálogo, não a resposta.

Fábulas
BUDISTAS

NOOR INAYAT KHAN / 1939

A FADA E A LEBRE

Amigos buscam ajudar os necessitados e a lebre se destaca com ato de sacrifício.

Uma jovem lebre vivia em uma pequena floresta entre uma montanha, uma vila e um rio. Minhas crianças, muitas lebres correm pela urze e pelo musgo, mas nenhuma tão doce quanto aquela.

Ela tinha três amigos: um chacal, uma doninha e um macaco.

Depois de um longo dia de labuta em busca de comida, os quatro se reuniam à noite, para conversar e pensar. A bela lebre falava com seus três companheiros e lhes ensinava muitas coisas. Eles a ouviam e aprendiam a amar todas as criaturas da floresta, e eram muito felizes.

— Meus amigos — disse a lebre um dia —, não vamos comer nada amanhã, a comida que acharmos daremos a qualquer pobre criatura que encontrarmos.

Todos concordaram. E, no dia seguinte, como todos os dias, partiram ao amanhecer em busca de alimento.

O chacal encontrou em uma cabana da aldeia um pedaço de carne e um pote de leite coalhado com uma corda amarrada na alça. Por três vezes, gritou:

— De quem é esta carne? De quem é este leite coalhado?

Mas a cabana estava vazia e, sem resposta, ele colocou o pedaço de carne na boca e a corda do jarro em volta do pescoço e fugiu para a floresta. Colocando-os ao seu lado, pensou: *Que chacal bom eu sou! Amanhã comerei o que encontrei, se ninguém vier por aqui.*

E o que a doninha encontrou em sua ronda?

Um pescador havia pescado alguns peixes dourados cintilantes e, depois de escondê-los sob a areia, voltou ao rio.

A doninha encontrou o esconderijo e, após tirar o peixe da areia, chamou três vezes:

— De quem são estes peixes dourados?

Mas o pescador ouvia apenas o barulho do rio e ninguém respondeu ao chamado! Então ela levou os peixes para a floresta, para sua pequena casa, e pensou: *Que doninha boa eu sou! Não comerei esses peixes hoje, mas talvez outro dia.*

Enquanto isso, o amigo macaco tinha subido a montanha e, encontrando mangas maduras, carregou-as para o bosque e colocou-as debaixo de uma árvore, e pensou: *Que macaco bom eu sou!*

Mas a lebre estava deitada na grama da floresta, e seus belos olhos estavam úmidos de tristeza.

O que posso oferecer se alguma pobre criatura passar pelo caminho?, pensou ela. *Não posso oferecer grama e não tenho nem arroz nem nozes para dar.* Mas, de repente, ela saltou de alegria. *Se alguém vier por aqui, eu me entregarei como banquete.*

Na agradável pequena floresta vivia uma

fada com asas de borboleta e cabelos longos feitos de raios de luar. Seu nome era Sakka. Ela sabia tudo o que acontecia ali. Sabia se uma pequena formiga havia roubado de outra formiga. Conhecia os pensamentos de todas as criaturinhas, até mesmo das pobres florzinhas, pisoteadas na grama. E sabia que, naquele dia, os quatro amigos na floresta não estavam comendo, e que a comida que eles achassem seria dada a qualquer pobre criatura que encontrassem.

E assim Sakka se transformou em um velho mendigo, corcunda, andando com uma bengala.

Ela primeiro foi ao chacal e disse:

— Tenho caminhado por dias e semanas, e não tenho nada para comer. Não tenho forças para procurar comida! Por favor, dê-me algo, ó chacal!

— Pegue este pedaço de carne e este jarro de leite coalhado — disse o chacal. — Eu os roubei de uma cabana na aldeia, é tudo o que tenho para dar.

— Mais tarde — disse o mendigo, e continuou por entre as árvores.

Então Sakka encontrou a doninha e perguntou:

— O que você tem para me dar, pequenina?

— Pegue estes peixes, ó mendigo, e descanse um pouco debaixo desta árvore — respondeu a doninha.

— Outra hora — respondeu o mendigo, e passou pela mata.

Um pouco mais adiante, Sakka encontrou o macaco e disse:

— Dê-me de suas frutas, eu lhe rogo. Sou pobre, estou faminto e cansado.

— Pegue todas essas mangas — disse o macaco. — Colhi todas elas para você.

— Depois — respondeu o mendigo e foi embora.

Então Sakka encontrou a lebre e disse:

— Doce criatura da floresta coberta de musgo, diga-me, onde posso encontrar comida? Estou perdido e longe de casa.

— Eu serei sua comida — respondeu a lebre. — Reúna um pouco de lenha e faça uma fogueira; eu pularei nas chamas e você terá então a carne de uma pequena lebre.

Sakka fez com que chamas mágicas surgissem em algumas toras de madeira e, cheia de alegria, a lebre saltou para o fogo brilhante.

Mas as chamas eram frias como água e não queimavam sua pele.

— Por que não sinto as chamas? — perguntou ela a Sakka — As faíscas são frescas como o orvalho da madrugada.

Sakka então mudou para sua forma de fada novamente, e falou com a lebre em uma voz mais doce do que qualquer outra voz que ela já tinha ouvido.

— Minha querida, eu sou a fada Sakka. Este fogo não é real, é apenas um teste. A bondade do seu coração, ó abençoada, será conhecida em todo o mundo por séculos.

Assim dizendo, Sakka tocou a montanha com sua varinha e, com a essência que jorrou dela, desenhou a imagem da lebre na lua.

No outro dia, a lebre encontrou seus amigos de novo, e todas a criaturas da floresta se reuniram em volta deles. A lebre contou tudo o que aconteceu com ela, e todos se alegraram. E viveram felizes para sempre.

DESENVOLVENDO PENSAMENTOS INDEPENDENTES

Explore estas questões com a criança para promover interpretação de texto, reflexão filosófica e o desenvolvimento de decisões pessoais.

1 Quem era Sakka e o que ela fez para testar a lebre e seus amigos?

2 Qual é a importância de ajudar os necessitados, mesmo quando temos pouco a oferecer?

3 Por que os outros amigos pensaram que eram bons por guardar a comida para si mesmos?

4 O que a história nos ensina sobre verdadeira generosidade?

Estas perguntas são um convite à reflexão. Sinta-se livre para adaptá-las ou criar novas. Se a leitura for antes de dormir, considere deixar a conversa para o dia seguinte, priorizando o relaxamento. O mais importante é o diálogo, não a resposta.

NOOR INAYAT KHAN / 1939

AS PENAS DOURADAS

Ganso de ouro ajuda sua família, mas a ganância a leva sua esposa a grandes perdas.

Uma mãe, um pai e suas três filhas moravam em uma pequena cabana na floresta, pois eram muito pobres. Um dia, o pai disse para a esposa e as filhas:

— Querida esposa e queridas filhinhas, devo deixá-las por um tempo. Mas voltarei com muita riqueza e coisas bonitas. Minhas filhinhas terão muitas joias para colocar nos cabelos, e todas vocês serão felizes.

Depois de dizer essas palavras, o homem partiu em sua jornada.

No caminho, atravessando a floresta à noite, uma fada o encontrou.

— Aonde você está indo, ó viajante, a esta hora da noite? — perguntou.

— Estou indo buscar fortuna — respondeu ele.

Sem mais palavras, a fada ergueu a varinha e tocou o ombro dele. O homem foi transformado em um ganso com penas de ouro.

O pobre pai, transformado em ganso, voou para o galho de uma árvore e pensou: *O que poderei fazer por minha família agora? Sou só um ganso, não posso buscar riquezas, e minha esposa e filhas são muito pobres.* Esses eram seus pensamentos, empoleirado no galho, e ele ficou muito, muito triste. Mas, de repente, olhou para seu reflexo na poça de água abaixo dele.

— Minhas penas são de ouro! — gritou, balançando as asas com alegria.

E voou para longe, para a pequena cabana onde a esposa e as filhas esperavam.

— Mãe, um ganso de ouro está vindo até nós! — exclamaram as filhas.

Na porta, o ganso falou com elas:

— Boas pessoas, sei que vocês são pobres, mas vejam, minhas penas são de ouro. — E, tirando uma pena de suas costas, deu a elas, dizendo: — Peguem esta e a vendam. Voltarei em breve.

Assim, o ganso retornou para a floresta.

A esposa vendeu a pena e recebeu muito dinheiro por ela. Quando o dinheiro acabava, o ganso regressava e lhes dava outra pena.

Mas, um dia, a mãe disse para as filhas:

— Minhas crianças, esse ganso pode ir embora e não mais voltar. Da próxima vez que ele vier, devemos arrancar todas as penas.

As filhas choraram amargamente ao pensar nessa ingratidão. Mas, mesmo assim, quando o ganso retornou, a mãe o pegou e arrancou todas as penas. Sem suas plumas, o ganso não podia mais voar, e sua esposa egoísta o jogou em um barril e lhe deu pouca comida.

Mas as penas que ela arrancou se tornaram brancas como as penas de qualquer outro ganso, graças a um feitiço lançado pela fada, caso elas fossem arrancadas da ave.

Depois de viver algum tempo, triste, no barril, as penas brancas do ganso tornaram a crescer em suas asas. Ele, então, voou para longe, para o lugar na floresta onde os pássaros eram felizes, e viveu feliz para sempre com eles.

ELE, ENTÃO, VOOU PARA LONGE, PARA O LUGAR NA FLORESTA ONDE OS PÁSSAROS ERAM FELIZES, E VIVEU FELIZ PARA SEMPRE COM ELES.

DESENVOLVENDO PENSAMENTOS INDEPENDENTES

Explore estas questões com a criança para promover interpretação de texto, reflexão filosófica e o desenvolvimento de decisões pessoais.

1. O que o pai fez para tentar ajudar sua família?

2. Como as filhas se sentiram quando a mãe arrancou as penas do ganso?

3. Por que você acha que a história termina com o ganso vivendo feliz com outros pássaros?

4. Se você estivesse no lugar das filhas, o que você teria feito com o ganso?

Estas perguntas são um convite à reflexão. Sinta-se livre para adaptá-las ou criar novas. Se a leitura for antes de dormir, considere deixar a conversa para o dia seguinte, priorizando o relaxamento. O mais importante é o diálogo, não a resposta.

NOOR INAYAT KHAN / 1939

O JOVEM PAPAGAIO

Papagaio capturado por fazendeiro ganancioso revela seu dever de cuidar dos pais e da floresta do amor.

No topo da colina havia um bosque de árvores de algodão sedoso e, nesse bosque, vivia um bando de papagaios com seu rei e sua rainha.

O rei e a rainha tinham um lindo filhote, mais lindo do que qualquer papagaio do mundo!

O tempo passou e o rei e a rainha envelheceram, e o filhote cresceu para ser glorioso e maior do que qualquer papagaio do mundo.

Ele disse um dia a seus pais:

— Queridos, agora que estou crescido e forte, trarei comida do campo para vocês.

E, a cada dia, ele voava com o grupo para os campos de arroz. Depois de comer com os outros, levava no bico uma grande porção para dar à mãe e ao pai.

Um dia, os papagaios encontraram um belo campo, mais fértil que qualquer outro, e passaram a comer lá.

Devo dizer ao meu mestre que papagaios estão comendo o arroz dele, pensou o funcionário do fazendeiro.

Foi até o chefe e disse:

— Mestre, nosso campo é fértil e realmente o arroz é mais bonito do que em qualquer outro campo. Mas um bando de papagaios vem todos os dias se alimentar dos grãos, e um deles, mais bonito que os outros, depois de comer uma grande porção, sai com o bico cheio de arroz para guardar.

O dono do campo então foi tomado de desejo de ver aquele pássaro que havia levado o arroz embora.

— Faça uma armadilha com a crina de um cavalo e pegue aquele papagaio — disse ao funcionário —, mas traga-o vivo.

No dia seguinte, o trabalhador preparou a armadilha e, ao pousar, o jovem papagaio sentiu seu pé minúsculo preso. Ele não chorou nem pediu ajuda, pois pensou: *Se meus companheiros souberem que fui pego, ficarão assustados e não comerão. Devo esperar até que tenham comido, e então os chamarei.*

Depois que haviam comido, ele os chamou, mas ninguém apareceu para ajudá-lo, pois, com medo, todos voaram para longe.

Ele foi deixado sozinho e chorou amargamente.

O que eu fiz?, pensou. *Por que me deixaram?*

Em pouco tempo, o trabalhador chegou à armadilha e, agarrando o pássaro com alegria, exclamou:

— Ora! Você é exatamente o que eu queria pegar!

E o levou para o mestre. O dono do campo pegou o papagaio delicadamente entre as mãos.

— Meu pássaro — disse ele —, você tem uma pequena fazenda em algum lugar? É lá que você esconde o arroz? Depois de comer do meu campo, você sai voando, com o bico cheio de grãos, seu passarinho travesso!

O papagaio respondeu com uma doce voz humana:

— Cumpro a cada dia um dever,
Um tesouro devo manter.

— Diga-me — falou o dono do campo — qual é o dever que você cumpre, e o tesouro que você mantém?

— Meu dever — respondeu o papagaio — é levar comida para meus pais, que estão velhos e não podem voar, e meu tesouro é uma floresta de amor. Nessa floresta, os fracos são ajudados pelos mais fortes e os que têm fome recebem comida.

Ao ouvir isso, o velho sorriu.

— O campo é de todos vocês — disse. — Voe de volta para seus pais que o esperam. Mas retorne para o meu campo todos os dias.

O lindo pássaro voou rapidamente para a floresta onde seus pais o chamavam. E todos os outros papagaios se reuniram em volta e ouviram a história do jovem papagaio. Todos se uniram e viveram felizes para sempre.

FÁBULAS BUDISTAS

MEU DEVER É LEVAR COMIDA PARA MEUS PAIS, QUE ESTÃO VELHOS E NÃO PODEM VOAR, E MEU TESOURO É UMA FLORESTA DE AMOR.

DESENVOLVENDO PENSAMENTOS INDEPENDENTES

Explore estas questões com a criança para promover interpretação de texto, reflexão filosófica e o desenvolvimento de decisões pessoais.

1. Por que o jovem papagaio levava comida para seus pais?

2. O que o dono do campo decidiu fazer depois de ouvir a história do papagaio?

3. Por que é importante ajudar os fracos e necessitados, como o jovem papagaio fazia?

4. Como a união dos papagaios no final da história reflete sobre a força da comunidade?

Estas perguntas são um convite à reflexão. Sinta-se livre para adaptá-las ou criar novas. Se a leitura for antes de dormir, considere deixar a conversa para o dia seguinte, priorizando o relaxamento. O mais importante é o diálogo, não a resposta.

NOOR INAYAT KHAN / 1939

O LAGO VAZIO

O rei peixe usa sua voz e amor para salvar o lago, ensinando que a união faz a força.

Em um belo lago, coberto de nenúfares[1], muitos peixes se encontraram. Eles se reuniram para ouvir uma história contada por um deles.

— Era uma vez — dizia a história —, neste

1 Planta aquática, com flores em formato esférico e sementes comestíveis; lótus. Fonte: Dicio.com.br [N. E.]

nosso lago, um rei, um grande rei. Ele era um peixe como nós, com dorso dourado, mas muito mais dourado ainda. Sim, quem vive na terra tem muitas estrelas no céu à noite, mas ele era a estrela do *nosso* céu e, quando escurecia, iluminava o caminho através das águas.

“Mas a Rainha Chuva se esqueceu de mandar chuvas para a terra antes que fizesse calor. Dia após dia, a Mãe Terra e os sedentos raios de sol bebiam a água do nosso lago. E o Rei Vento, soprando fogo de leste a oeste, levou todas as gotas, exceto as últimas. Ai de nós! Nosso lago tornou-se uma poça, e a cada dia corvos vinham e devoravam nossos companheiros.

“Mas nosso rei, nosso querido rei, falou em um sussurro suave, e suas palavras soaram muito acima da terra. A Rainha Chuva, ouvindo seu chamado, olhou para baixo, as fadas que carregam os vasos de água e aquelas que conduzem as nuvens através do céu acordaram de seu sono, e o Rei Trovão, ouvindo a oração, levantou-se e chamou seu exército: ‘Eu ordeno a todos vocês: disparem!’

“Imediatamente, o mundo inteiro estremeceu. Os líderes das nuvens marcharam pelo céu, os canhões do Rei Trovão dispararam

relâmpagos de leste a oeste, o grande céu se abriu, mostrando sua luz, e a água jorrou.

"As gotas de chuva caíram pesadamente, mas o som era doce para nossos ouvidos e nos contava o que as fadas diziam no céu. E, enquanto ouvíamos, nossas cabecinhas caídas se levantaram novamente.

"Mas nosso rei temeu que os vasos de água fossem levados embora antes que o lago estivesse cheio, e falou mais alto:

'Rainha da Chuva, Rei do Trovão,
Mostrem mais uma vez quais seus poderes são,
Despejem a água mais e mais
Até que nosso lago encha demais.'

"Com essas palavras, a água desceu do céu como uma cachoeira. Um trovão estourou e o mundo inteiro estremeceu. Os raios de sol escaldantes finalmente foram cobertos e os corvos, espantados para longe.

"Descendo lentamente do céu, o Rei Trovão e a Rainha Chuva deixaram sua morada e pousaram na terra.

"'Foi o seu amor, ó doce criatura', eles disseram ao nosso rei, 'que fez o mundo tremer e a água jorrar. Não tema, meu querido, este lago nunca ficará vazio novamente, pois sua voz nunca será esquecida.'

"E o lago se encheu, os nenúfares cresceram novamente e todos nós vivemos felizes para sempre."

DESENVOLVENDO PENSAMENTOS INDEPENDENTES

Explore estas questões com a criança para promover interpretação de texto, reflexão filosófica e o desenvolvimento de decisões pessoais.

1 Quem era o rei do lago e o que o tornava especial?

2 Por que o rei peixe teve medo quando o lago começou a secar?

3 Por que é importante ajudar os outros em tempos de necessidade?

4 Como podemos usar nossa voz para fazer a diferença no mundo, assim como o rei peixe fez?

Estas perguntas são um convite à reflexão. Sinta-se livre para adaptá-las ou criar novas. Se a leitura for antes de dormir, considere deixar a conversa para o dia seguinte, priorizando o relaxamento. O mais importante é o diálogo, não a resposta.

NOOR INAYAT KHAN / 1939

O REINO DO CISNE

A lealdade de Sumukha salva seu rei, ensinando a importância da amizade e da fidelidade.

Existem muitos lagos no mundo; lagos azuis, lagos verdes, alguns com lótus brancos, alguns com cisnes brancos navegando, mas nenhum tão bonito quanto o lago Manasa, pois suas águas brilhavam com todas as cores do céu. Flores milagrosas, com grandes pétalas vermelhas de mel, cresciam em suas margens, e a cada dia jogavam um pouco de sua beleza no lago.

Neste reino viviam sessenta mil cisnes, governados pelo rei Dhritarashtra e por Sumukha, o comandante de seu exército.

Os cisnes eram lindos como sereias, e o chefe do exército era majestoso e forte, mas nenhum cisne poderia ser comparado ao rei, pois suas penas eram de prata brilhante, e, quando ele flutuava à noite, era como se a lua estivesse no lago.

Os cortesãos de cada palácio falavam com seus senhores sobre o reino dos cisnes. Muitos monarcas elogiavam a nação maravilhosa e ficavam encantados com seus governantes, Dhritarashtra e Sumukha. Mas, acima de tudo, Brahmadatta, o rei de Benares, ansiava por vê-los.

Foi assim que, um dia, ele reuniu seus cortesãos e disse:

— Sábios e fiéis, seu rei nunca será feliz até que certo desejo seja realizado.

— Majestade, podemos saber o seu desejo? — perguntaram.

— Anseio por encontrar o rei e o comandante do lago Manasa, digam-me, portanto, como posso satisfazer esse desejo?

— Ó rei — disse um dos cortesãos —, se posso aconselhar Vossa Majestade, só há um caminho! Com sua ordem, um lago ainda mais esplêndido do que o lago Manasa poderia ser feito perto dos portões de Benares. E a cada dia estas palavras devem ser ditas em voz alta: "O rei de Benares dá este lago a todos os pássaros do mundo, que serão protegidos por ele". A notícia logo se espalhará até que os cisnes do lago Manasa, sabendo que um lago mais bonito que o deles existe na Terra, ficarão ansiosos para vê-lo.

O conselho agradou ao rei que ordenou que a obra começasse. Trouxeram árvores com flores infinitas, de terras distantes. Encheram o lago com uma água tão clara que os peixes podiam ser vistos nadando lá dentro. Quando o lago foi concluído, era muito mais grandioso do que o Manasa. E os pássaros, as abelhas e as borboletas vieram aos milhares para cantar e dançar.

A cada dia ouvia-se o chamado, convidando os pássaros de outras terras que, vindos de cada canto do mundo, faziam do lago um ponto de encontro.

Um dia, dois jovens cisnes do lago Manasa

deixaram seu reino para viajar pelo mundo. Passando por Benares, avistaram o lago encantador e, ouvindo o convite, desceram e olharam ao redor. Uma visão de beleza encontrou seus olhos. Árvores e flores com as quais eles nem haviam sonhado, até guirlandas de flores flutuavam suavemente no espelho do lago.

— Se ao menos este fosse o nosso reino! — exclamaram.

Eles navegaram de uma extremidade à outra do lago e então levantaram suas asas e voaram de volta para casa.

Dia após dia, falavam do maravilhoso lago às portas de Benares e os sessenta mil cisnes ficavam inquietos.

— Leve-nos lá, ó rei! — pediam eles a Dhritarashtra todos os dias, até que finalmente ele decidiu partir.

Mas Sumukha, o pensativo, não se alegrou.

— Meu rei — disse ele a Dhritarashtra —, você tem certeza de que é sábio agradar seus súditos nesse assunto? Cuidado com as palavras dos homens. De fato, doce é o convite, mas sabemos pouco sobre o que está por trás dele. Se, no entanto, decidir que devemos ir, que não fiquemos mais do que um dia.

Dhritarashtra concordou, e, ao cair da noite, os cisnes ergueram as asas e voaram para Benares. Chegaram ao lago ao amanhecer, e logo Manasa foi esquecido, eles nadaram entre as flores como se estivessem em um sonho. Flutuaram majestosamente sobre as águas plácidas, brilhando como sessenta mil estrelas do céu, Brahmadatta foi informado e gritou de alegria:

— Peguem Dhritarashtra e Sumukha, e tragam-nos para o meu palácio.

Os servos do rei não demoraram a preparar uma armadilha entre as flores, e logo a pata prateada de Dhritarashtra ficou presa nela. Profundamente alarmados, os sessenta mil cisnes levantaram-se com altos gritos de dor e tristeza e voaram descontroladamente, frenéticos, como se seu líder tivesse sido morto em batalha. Sumukha permaneceu sozinho com seu senhor.

— Volte para Manasa — disse Dhritarashtra para Sumukha —, meus súditos não podem ser felizes sozinhos. Vá pelo bem deles, ó Sumukha! Eles precisam do líder para protegê-los no lago.

Mas Sumukha não deu ouvidos e ficou ao lado do rei.

Quando o servo de Brahmadatta viu que

um cisne fora capturado e que outro estava esperando ao seu lado, olhou para eles, pasmo.

— Seu companheiro foi pego — disse ele a Sumukha —, mas você, ó bela criatura, está livre. Por que, então, fica? Não sabe que os guardas podem prendê-lo? Suas asas são brancas e claras, então voe para longe, brava criatura, e não se demore aqui.

Mas Sumukha respondeu com uma voz humana:

— Este pássaro que você pegou é o nosso rei. Como posso fugir daqui e ser feliz longe dele? Se você quiser me agradar, ó guarda, leve-me com você e o liberte.

— Não tema — respondeu o guarda, gentilmente —, nenhum mal acontecerá ao seu rei. É verdade que sua pata prateada está presa, mas apenas porque nosso rei Brahmadatta deseja vê-lo. Venha, portanto, em meu ombro para o palácio. Nosso rei vai honrar vocês dois.

Foi como o homem havia dito e, quando ele trouxe os cisnes desamarrados para o palácio e contou a Brahmadatta a história, o rei ficou sem palavras, espantado e assombrado. Mas Dhritarashtra falou com ele com uma voz doce, e o coração do rei foi atraído por ele. Eles conversaram felizes, juntos, e, depois que todos os favores reais foram dados a eles, os dois cisnes partiram da corte e voltaram para Manasa.

Foi um retorno alegre para todos os sessenta mil cisnes, e, juntos, eles viveram felizes para sempre.

DESENVOLVENDO PENSAMENTOS INDEPENDENTES

Explore estas questões com a criança para promover interpretação de texto, reflexão filosófica e o desenvolvimento de decisões pessoais.

1. O que o rei Brahmadatta desejava e como ele tentou realizá-lo?
2. O que aconteceu quando Dhritarashtra e Sumukha foram capturados?
3. Por que é importante ser fiel aos amigos e líderes?
4. Como a beleza interior pode ser mais importante do que a beleza exterior?

Estas perguntas são um convite à reflexão. Sinta-se livre para adaptá-las ou criar novas. Se a leitura for antes de dormir, considere deixar a conversa para o dia seguinte, priorizando o relaxamento. O mais importante é o diálogo, não a resposta.

Fábulas BUDISTAS

NOOR INAYAT KHAN / 1939

O TESTE DO MESTRE

A honestidade de um jovem aluno transforma seus colegas.

— Sou pobre e fraco — disse, um dia, um mestre a seus pupilos —, mas vocês são jovens, e eu os ensino, portanto, é seu dever encontrar o dinheiro de que seu velho professor precisa para viver.

— Como podemos fazer isso? — perguntaram os pupilos. — As pessoas desta cidade são tão pouco generosas que seria inútil pedir ajuda.

— Meus filhos — respondeu o professor —, há uma maneira de ganhar dinheiro que não é pedindo, mas pegando. Não seria pecado roubar, pois merecemos dinheiro mais do que os outros. Mas, infelizmente, estou muito velho e fraco para fazer isso.

— Somos jovens — responderam os pupilos —, podemos fazer isso. Não há nada que não faríamos por você, querido mestre. Diga-nos apenas como agir e obedeceremos.

— Jovens vocês são. Não seria nada para vocês pegar a bolsa de um homem rico. Façam assim: escolham um lugar tranquilo onde ninguém esteja vendo, depois segurem o transeunte e peguem seu dinheiro, mas não lhe façam mal!

— Vamos imediatamente — disseram todos os alunos, exceto um, que estava em silêncio, com os olhos voltados para baixo.

O professor olhou para o jovem e disse:

— Meus outros alunos são corajosos e estão ansiosos para ajudar, mas você não se importa com o sofrimento de seu professor.

— Perdoe-me, mestre, o plano que você explicou me parece impossível, essa é a razão do meu silêncio.

— Por que é impossível? — perguntou o mestre.

— Porque não há lugar onde ninguém esteja olhando — respondeu o aluno. — Mesmo quando estou sozinho, meu eu está observando. Prefiro pegar uma tigela e implorar do que me permitir me ver roubando.

Com essas palavras, o rosto do mestre se iluminou de alegria. E ele abraçou o jovem aluno.

— Fico feliz se, entre meus alunos, ao menos um entendeu minhas palavras.

Os outros alunos, vendo que o mestre tinha a intenção de testá-los, baixaram a cabeça, envergonhados. E, depois daquele dia, sempre que um pensamento indigno vinha às suas mentes, eles se lembravam das palavras de seu companheiro: "Meu eu está observando".

Assim, eles se tornaram grandes seres humanos, e todos viveram felizes para sempre.

DESENVOLVENDO PENSAMENTOS INDEPENDENTES

Explore estas questões com a criança para promover interpretação de texto, reflexão filosófica e o desenvolvimento de decisões pessoais.

1. O que o mestre pediu a seus pupilos que fizessem para ajudá-lo?

2. Qual foi a reação do mestre ao ouvir o aluno que se recusou a roubar?

3. O que você acha que o mestre realmente queria ensinar aos seus alunos com esse teste?

4. Por que é importante ser honesto mesmo quando ninguém está olhando?

Estas perguntas são um convite à reflexão. Sinta-se livre para adaptá-las ou criar novas. Se a leitura for antes de dormir, considere deixar a conversa para o dia seguinte, priorizando o relaxamento. O mais importante é o diálogo, não a resposta.

Fábulas
BUDISTAS

NOOR INAYAT KHAN / 1939

OS DOIS PORCOS

Uma velhinha e dois porquinhos mostram que a bondade pode vencer qualquer adversidade.

Tique-taque, quem está passando no caminho?, pensaram dois porquinhos à beira da estrada da vila. Era uma velhinha, redonda como o salgueiro, que se curva para o lago.

Tique-taque, crack, crack!, seu bastão rangeu enquanto ela caminhava, e quatro pequenos olhos assustados espiaram pela grama.

— Quem são vocês, pequeninos? — perguntou a velha. — A mãe de vocês os deixou sozinhos? Entrem na minha cesta. Vou levá-los a minha casinha perto dos portões de Benares e ser sua mãe.

Ela pegou os dois porquinhos e os colocou na cesta, que estava cheia do algodão que havia trazido dos campos. E lá foi a velha, *tique-taque, crack, crack*, até chegar a sua pequena casa, onde tirou os porcos da cesta e os colocou sobre seus joelhos, e riu e sorriu e ficou muito feliz. Ela chamou o mais velho de Mahatundila e o mais novo de Cullatundila.

Dias e anos se passaram, e a velhinha alimentou os dois porcos e os amou como seus próprios filhos.

Mas um dia uma grande festa foi realizada na vila. Os homens beberam o dia inteiro até ficarem muito bêbados e, tendo comido toda a carne que havia na vila, e ainda insatisfeitos, queriam mais. Então, eles foram até a velhinha e disseram:

— Senhora, aqui está o dinheiro, dê seus porcos em troca.

— Não — respondeu ela —, não os darei a vocês. Quem dá os filhos por dinheiro?

— Eles não são crianças, senhora, são porcos — disseram os homens. — O que você vai fazer com eles mais tarde? Entregue-os agora, senhora, e todas essas moedas de ouro serão suas.

Mas a velhinha apenas balançou a cabecinha astuta.

Então os homens a fizeram beber e, quando ela ficou bêbada, disseram-lhe de novo:

— Senhora, pegue o dinheiro e nos dê os porcos.

— Não posso dar Mahatundila, mas levem Cullatundila — disse ela e, colocando arroz na pequena tigela na porta, chamou: — Cullatundila, Cullatundila!

E Mahatundila, ao ouvir o chamado, pensou: *Mamãe nunca chamou Cullatundila primeiro, ela sempre me chamou primeiro. Que perigo estamos passando?*

Enquanto isso, Cullatundila foi até a velha, mas vendo a tigela na porta e tantos homens parados com cordas nas mãos, ele voltou para Mahatundila, seu coração tremendo de medo.

— Irmão — disse Mahatundila —, por que você está tremendo tanto?

— Mamãe colocou nossa tigela na porta e

os homens estão lá com cordas. Temo, irmão, que algum perigo nos aguarde.

Os olhos suaves de Mahatundila pousaram ternamente no irmão e, com a voz baixa e doce, ele disse:

— Levante a cabeça, irmão. Não sofra. Saiba que até este dia fomos bem cuidados e alimentados. Ai de nós! É a nossa carne que os homens desejam. Vá, Tundila, atenda o chamado da mamãe.

Mas, comovido com as lágrimas nos olhos do irmão, Mahatundila falou estas palavras:

Banhe-se no lago, que com um brilhante
dia de festa parece,
E você encontrará um perfume que nunca
se esvanece.

E, enquanto ele falava, todo o mundo mudou. As florzinhas na grama abriram seus corações para ouvir, as árvores se curvaram, o vento silenciou e os pássaros demoraram em seu voo. Os homens e a velha não estavam mais bêbados e as cordas caíram de suas mãos. A doce voz penetrou na cidade de Benares e foi ouvida por milhares de cidadãos, ricos e pobres. Todos foram às lágrimas e, com um só pensamento, apressaram-se na direção de onde vinha a voz, até chegarem à casinha na qual, derrubando a cerca, aglomeraram-se.

Mas Cullatundila ficou perplexo.

Por que meu irmão diz essas palavras? Nunca tomamos banho em um lago nem encontramos perfume.

— Irmão, diga-me, qual é o lago e qual é o perfume que nunca se esvanece?

Mahatundila respondeu, e a grande multidão ficou em silêncio enquanto ele falava:

— O lago é o amor, e o amor é a fragrância que nunca se esvanece. Não fique triste, irmão, não fique triste por deixar este mundo. Muitos permanecem e são infelizes, muitos partem, e a alegria é deles.

A doce voz atravessou até mesmo a cúpula de mármore do palácio, e o rei de Benares foi às lágrimas.

Quanto à multidão, os milhares de cidadãos acenaram e soltaram gritos altos e alegres. Eles então levaram Mahatundila e Cullatundila para o palácio, onde o rei ordenou que os irmãos fossem banhados no mais doce perfume e vestidos com roupas de seda. Receberam joias para pendurar no pescoço e, a partir de então, enquanto o rei viveu, eles moraram no palácio, e todas as disputas eram levadas a Mahatundila, o abençoado, e resolvidas por ele.

Por fim, com o passar dos anos, o rei morreu, e Mahatundila e seu irmão deixaram a cidade para morar na floresta, para grande tristeza do povo de Benares, que chorou enquanto eles partiam.

Mas o reino da justiça não acabou na Terra. As pessoas continuaram a viver juntas, em comunhão, e viveram felizes para sempre.

FÁBULAS BUDISTAS

O LAGO É O AMOR, E O AMOR É A FRAGRÂNCIA QUE NUNCA SE ESVANECE.

DESENVOLVENDO PENSAMENTOS INDEPENDENTES

Explore estas questões com a criança para promover interpretação de texto, reflexão filosófica e o desenvolvimento de decisões pessoais.

1. Quem encontrou os dois porquinhos e o que ela fez?

2. Por que Cullatundila ficou com medo quando viu os homens com cordas?

3. Por que você acha que o amor é comparado a um perfume que nunca se esvanece?

4. Você já fez algo bom por alguém sem esperar nada em troca? Como se sentiu?

Estas perguntas são um convite à reflexão. Sinta-se livre para adaptá-las ou criar novas. Se a leitura for antes de dormir, considere deixar a conversa para o dia seguinte, priorizando o relaxamento. O mais importante é o diálogo, não a resposta.

Fábulas
BUDISTAS

NOOR INAYAT KHAN / 1939

O BÚFALO PACIENTE

A sabedoria do búfalo revela que a força deve ser usada para proteger, não para punir os mais fracos.

Um búfalo gigante, com chifres poderosos, estava dormindo sob uma árvore.

Dois olhos travessos espiaram por entre os galhos e um macaquinho disse:

Conheço o bom e velho búfalo debaixo da árvore, a dormir.
Mas não tenho medo dele, nem ele tem medo de mim.

Ele saltou do galho nas costas do búfalo, que abriu os olhos e, vendo o macaco dançando sobre seu corpo, fechou-os novamente, como se uma borboleta estivesse em suas costas.

O macaquinho tentou outro truque. Pulando na cabeça do búfalo entre os dois grandes chifres, ele segurou suas pontas e se balançou, como em uma árvore. Mas o búfalo nem piscou.

O que posso fazer para deixar meu bom amigo com raiva?, pensou o macaquinho.

Enquanto o búfalo comia no campo, o macaquinho pisava na grama exatamente onde ele queria pastar. Mas o búfalo simplesmente desviava.

Outro dia, o macaco travesso pegou uma vara e bateu nas orelhas do búfalo e, enquanto ele estava passeando, sentou-se em suas costas, como um herói, segurando a vara na mão.

E de tudo isso o búfalo nunca reclamou, embora seus chifres fossem fortes e poderosos.

Mas um dia, enquanto o macaco estava sentado em suas costas, uma fada apareceu.

— Você é um grande ser, ó búfalo — disse ela —, mas pouco conhece sua força. Seus chifres podem quebrar árvores e seus pés podem esmagar pedras. Leões e tigres temem se aproximar de você. Sua força e beleza são conhecidas em todo o mundo, e, ainda assim, você anda por aí com um macaco bobo nas costas. Um golpe de seus chifres o perfuraria, e um pisão seu o esmagaria. Por que não o joga no chão e acaba com essa brincadeira?

— Este macaco é pequeno — respondeu o búfalo —, e a natureza não lhe deu muita inteligência. Por que então eu deveria puni-lo? Além disso, por que deveria fazê-lo sofrer para que eu pudesse ser feliz?

Ao ouvir isso, a fada sorriu e, com sua varinha mágica, mandou o macaco embora e lançou sobre o grande búfalo um feitiço devido ao qual ninguém poderia fazê-lo sofrer novamente, e ele viveu feliz para sempre.

DESENVOLVENDO PENSAMENTOS INDEPENDENTES

Explore estas questões com a criança para promover interpretação de texto, reflexão filosófica e o desenvolvimento de decisões pessoais.

1 O que o macaquinho fez para tentar irritar o búfalo? Como o búfalo reagiu às travessuras do macaco?

2 O que a reação do búfalo nos ensina sobre lidar com pessoas travessas?

3 Como você se sentiria se fosse o búfalo? E se fosse o macaco?

4 O que significa usar a força para proteger em vez de punir?

Estas perguntas são um convite à reflexão. Sinta-se livre para adaptá-las ou criar novas. Se a leitura for antes de dormir, considere deixar a conversa para o dia seguinte, priorizando o relaxamento. O mais importante é o diálogo, não a resposta.

Fábulas
BUDISTAS

NOOR INAYAT KHAN / 1939

O SARABHA

Uma criatura graciosa prova que ajudar o inimigo pode transformar corações e promover a paz.

Há uma espécie de cervo que vive tão longe em uma floresta que ninguém os vê. Os homens os chamam de sarabha. Meus pequeninos, se vocês prestarem atenção quando todo o mundo estiver quieto, e o sol estiver longe, poderão ouvir, baixinho, a voz deles vindo da floresta.

Um dia, um rei estava caçando nessa floresta e ele entrou tão longe, tão longe, que um desses sarabhas passou diante de seus olhos.

— Quem é você, linda criatura? — perguntou ele. Mas o sarabha correu e desapareceu por entre as árvores. — Eu vou pegá-lo — exclamou o rei, furiosamente. — Ele não pode escapar de mim!

Fazendo o cavalo avançar, atirou flechas na bela criatura. As flechas voaram ao redor do cervo, mas ele não as temeu e correu pela grama como um pássaro voa pelo ar.

O cavalo do rei corria cada vez mais rápido, e a floresta, as colinas e os vales passavam sem ser vistos. Seus caçadores, seu exército, suas tropas de elefantes foram deixados para trás na floresta, procurando em vão por seu rei. Tudo foi esquecido, nada mais existia na terra para o rei, apenas a bela criatura que perseguia.

— Corra, corra... rápido... rápido! — gritava o rei em fúria.

Os cascos do cavalo mal tocavam o solo enquanto ele galopava. Mas, de repente, eles alcançaram um abismo que o sarabha saltou facilmente.

O rei não viu o abismo, seus olhos estavam

fixos apenas na criatura que caçava, mas o cavalo percebeu e, não ousando pular, parou repentinamente na borda, e o rei foi lançado por cima de sua cabeça.

Por que não ouço mais o barulho dos cascos do cavalo?, pensou o sarabha. *O rei foi embora ou será que caiu no abismo?*

O sarabha olhou para trás e viu o cavalo correndo de um lado a outro sem o cavaleiro, e seu coração se encheu de tristeza.

O rei caiu no abismo! Ele está sozinho! Seu exército está longe! Certamente está sofrendo mais do que outro sofreria em tal situação, pois ele tem um exército, brilhante como ouro, cem elefantes e homens para protegê-lo e aguardando seu chamado. Mas agora está sozinho, pobre rei! Eu vou salvá-lo, se ele ainda estiver vivo.

Pensando nisso, o sarabha se virou e voltou para o abismo. Ao chegar à beira, olhou para baixo e viu seu inimigo deitado na poeira, gemendo. Curvando-se, falou-lhe em voz suave:

— Rei dos homens, não tenha medo de mim. Não sou um goblin que faz mal aos que estão perdidos e longe de casa. Eu bebo a água que você bebe e como a grama que cresce na terra. Sou capaz de ajudá-lo, ó rei, e tirá-lo desse abismo. Confie em mim, eu irei.

Meus olhos veem a verdade?, pensou o rei. *Este que veio para me ajudar não é meu inimigo?*

O rei olhou para o sarabha e seu coração se encheu de vergonha.

— Criatura justa — disse ele —, não estou muito ferido, pois a armadura que me cobre é forte. Mas saber que fui seu inimigo me dói mais do que minhas feridas. Perdoe-me, abençoado.

Ao ouvir essas palavras, o sarabha soube que o rei confiava nele e o amava. Ele desceu ao abismo e, levando o rei nas costas, escalou as paredes altas, com uma força maior do que a do elefante mais poderoso, e o levou para a floresta.

Então o rei abraçou o sarabha.

— Como posso agradecer-lhe? — perguntou. — Meu palácio, meu país são seus. Venha, querido, volte comigo para a cidade. Não posso deixá-lo aqui na floresta para ser morto por caçadores e animais selvagens.

— Grande rei — disse o sarabha —, não me peça para ir ao seu palácio. Aqui é meu país, nesta floresta, e as árvores são meus palácios. Mas se você deseja me fazer feliz, conceda então este favor, eu rogo. Não cace mais na floresta, para que aqueles que vivem sob as árvores sejam felizes e livres.

O rei fez sua promessa alegremente e voltou ao palácio, para regozijo de seu povo, que o acolheu com vivas. Então, sem mais delongas, publicou um decreto que, dali em diante, ninguém deveria caçar na floresta. Assim, o rei, seu povo e os animais na floresta viveram felizes para sempre.

DESENVOLVENDO PENSAMENTOS INDEPENDENTES

Explore estas questões com a criança para promover interpretação de texto, reflexão filosófica e o desenvolvimento de decisões pessoais.

1. O que aconteceu quando o rei perseguiu o sarabha até o abismo?

2. Por que você acha que o sarabha decidiu ajudar o rei, mesmo sendo perseguido por ele?

3. O que o rei aprendeu ao ser salvo pelo sarabha?

4. O que significa ser verdadeiramente forte: usar sua força para machucar ou para ajudar os outros?

Estas perguntas são um convite à reflexão. Sinta-se livre para adaptá-las ou criar novas. Se a leitura for antes de dormir, considere deixar a conversa para o dia seguinte, priorizando o relaxamento. O mais importante é o diálogo, não a resposta.

NOOR INAYAT KHAN / 1939

A CIDADE DOS GOBLINS

Homens naufragados descobrem que a ilha paradisíaca esconde uma cidade de goblins enganadores.

Um grande navio foi arremessado pelas ondas furiosas na costa rochosa de uma ilha. Felizmente, a tripulação e os passageiros, quinhentos homens ao todo, não morreram afogados. A situação era péssima, mas, quando olharam ao redor, ficaram animados pelos belos arredores.

— Nosso navio afundou, infelizmente! — disseram eles. — Mas sem dúvida existem muitos tesouros nesta ilha.

Depois de algum tempo, o som de vozes chegou aos seus ouvidos, e eles viram uma multidão de mulheres se aproximando. Logo, elas chegaram ao local onde os homens estavam reunidos e falaram com eles.

— De onde vocês vêm, viajantes? — perguntaram. — O navio ficou destruído pelas rochas? Os homens desta ilha partiram há muito tempo em um navio, também, e nunca mais voltaram. Venham conosco para nossas casas, ó viajantes! Vamos cuidar de vocês e fazê-los felizes.

As palavras das mulheres eram muito sedutoras, mas enquanto falavam, amarraram os homens com correntes mágicas e, sem saber que estavam sendo atraídos por essas correntes, eles as seguiram para suas casas. E assim viveram algum tempo na cidade e comeram o arroz que as mulheres preparavam em pratos de ouro.

Mas uma noite, quando todos estavam dormindo, um dos quinhentos homens acordou e ouviu vozes estranhas.

De quem são essas vozes?, pensou. *Não são vozes de goblins?*

Ele silenciosamente se levantou da cama e se escondeu atrás de uma grande pedra para observar. Logo foi recompensado, pois viu que as mulheres, transformadas em goblins, andavam pela cidade.

É uma cidade goblin*!* pensou o homem, horrorizado. *Devo contar aos meus companheiros. Devemos fugir daqui.*

E, com essa revelação, ele percebeu que estava acorrentado.

Ao amanhecer, contou aos companheiros o que vira. Alguns não acreditaram, mas outros perguntaram, com vozes trêmulas:

— Como podemos escapar?

— Não podemos — respondeu o homem. — Estamos amarrados com correntes mágicas.

Quando ele disse essas palavras, houve um raio de luz, e um cavalo branco desceu do céu e pousou diante deles. Os homens ouviram uma voz suave, do mar, que disse:

— Um cavalo voador, com asas de prata,
atendeu aos chamados,

Montem nas costas dele, suas correntes quebrarão e vocês serão libertados.

Aqueles que não acreditaram na história do companheiro ficaram com as mulheres na cidade dos goblins, mas os outros voaram para casa nas costas do cavalo de asas prateadas, e todos viveram felizes para sempre.

DESENVOLVENDO PENSAMENTOS INDEPENDENTES

Explore estas questões com a criança para promover interpretação de texto, reflexão filosófica e o desenvolvimento de decisões pessoais.

1. Como as mulheres da ilha trataram os homens inicialmente?

2. O que aconteceu com o navio dos quinhentos homens?

3. O que fez um dos homens desconfiar e descobrir a verdade sobre os goblins?

4. O que a história nos ensina sobre acreditar em tudo que parece bom demais para ser verdade?

Estas perguntas são um convite à reflexão. Sinta-se livre para adaptá-las ou criar novas. Se a leitura for antes de dormir, considere deixar a conversa para o dia seguinte, priorizando o relaxamento. O mais importante é o diálogo, não a resposta.

NOOR INAYAT KHAN / 1939

O GRANDE ELEFANTE

A generosidade de um elefante traz esperança a viajantes exaustos e revela a força do sacrifício.

Muito, muito longe no deserto, havia um pequeno oásis de palmeiras e flores. Naquele oásis, como um eremita solitário, vivia um elefante, um lindo elefante. Ele comia o fruto das árvores e bebia de um pequeno riacho que corria pelas rochas. Era feliz, dançando por entre as bananeiras, vendo o dia e a noite chegarem ao deserto.

Mas um dia, enquanto dançava, algumas vozes estranhas, ao longe, chegaram a seus ouvidos.

De quem são essas vozes?, pensou. *Não são vozes de homens, de homens infelizes? Quem são esses homens e por que cruzam o deserto? Certamente estão perdidos, ou talvez sofrendo terrivelmente.*

Esses eram os pensamentos do belo elefante enquanto caminhava na direção das vozes. Ele havia andado pouco sobre a areia ardente quando se deparou com um grande grupo de homens à beira da morte e, diante dessa visão lamentável, pela primeira vez em sua vida feliz, seus olhos se encheram de lágrimas.

— Ó viajantes — disse-lhes suavemente —, de onde vocês vêm e para onde vão? Perderam-se no deserto? Digam-me, para que eu possa ajudá-los de alguma forma.

Os homens ficaram tão felizes ao ouvir as palavras amigáveis que caíram de joelhos diante dele.

— Bela criatura, fomos expulsos de nosso país por nosso rei e vagamos pelo deserto por

muitos dias. Não encontramos sequer uma gota d'água para beber nem comida que nos desse forças.

— Quantos vocês são? — perguntou o elefante.

— Éramos mil, mas muitos morreram no caminho.

O elefante olhou para eles. Um chorava por água, outro pedia comida.

— Vocês estão fracos, ó homens, e a próxima cidade é muito longe para alcançarem sem comida e bebida. Portanto, caminhem em direção à colina que está diante de vocês. Ao seu pé encontrarão o corpo de um grande elefante que lhes servirá de alimento, e, nas proximidades, há um riacho de água doce.

Depois de assim dizer, ele correu sobre a areia ardente e desapareceu tão de repente como tinha chegado.

— Para onde foi o elefante? E por que ele correu desse jeito?

Ele foi direto para a colina, a mesma que indicara aos homens, mas pegou outro caminho, para que não o vissem. O elefante escalou o topo da colina e, então, do ponto mais alto, deu um salto poderoso e seu belo corpo se chocou com o chão.

Quando os homens chegaram ao local, viram a forma semelhante à de um gigante e um grande medo se apoderou deles.

— Este não é o nosso querido elefante? — exclamou um deles.

— O rosto é o mesmo, os olhos, embora fechados, são os mesmos — disse outro.

E todos se sentaram na areia e choraram amargamente.

Depois de algum tempo, um deles falou.

— Companheiros, não podemos comer este elefante que deu a vida por nós.

— Não, amigos — disse outro —, se não o comermos, seu sacrifício terá sido inútil e morreremos antes de chegarmos à outra cidade. Assim, não seremos ajudados, nem o desejo de nosso elefante será realizado.

Os homens não falaram mais nada, mas olharam para a areia escaldante e comeram a carne com lágrimas nos olhos. E isso os tornou fortes, muito fortes, de modo que puderam cruzar o deserto e chegar a uma cidade onde seus problemas terminaram. Eles nunca se esqueceram do grande elefante e viveram felizes para sempre.

DESENVOLVENDO PENSAMENTOS INDEPENDENTES

Explore estas questões com a criança para promover interpretação de texto, reflexão filosófica e o desenvolvimento de decisões pessoais.

1. Por que o elefante, que vivia feliz e sozinho, decidiu ajudar os homens?

2. Por que os homens choraram ao encontrar o corpo do elefante?

3. O que você acha que os homens sentiram ao perceber o que o elefante fez por eles?

4. Como podemos agradecer a alguém que fez algo muito especial por nós?

Estas perguntas são um convite à reflexão. Sinta-se livre para adaptá-las ou criar novas. Se a leitura for antes de dormir, considere deixar a conversa para o dia seguinte, priorizando o relaxamento. O mais importante é o diálogo, não a resposta.

Fábulas
BUDISTAS

NOOR INAYAT KHAN / 1939

AS CODORNAS BRIGUENTAS

Codornas descobrem que a união é a chave para escapar dos perigos da floresta.

Ouçam aqueles gritos dolorosos que atravessam a cada dia a floresta silenciosa! Infelizmente, são os gritos de seis mil codornas. Pobres passarinhos! Todo dia, um homem vem da vila e lança uma rede sobre elas assim que pousam no chão. Depois de lançar a rede, ele a recolhe, pegando centenas de codornas, que leva para vender na vila.

Um dia, o Rei Codorna disse:

— Não chorem mais, meus pequeninos. Se ouvirem as palavras do seu rei, nunca serão pegos. Quando a rede for atirada sobre vocês, passem as cabeças pelos buracos e alcem voo, levantando-a no ar. Se pousarem no topo de uma colina espinhosa, os espinhos vão segurar a rede acima do solo e vocês poderão escapar por baixo dela antes que o homem alcance a colina. Façam o que eu digo e todos serão salvos. Mas, se um dia surgirem brigas, e vocês começarem a discutir uns com os outros, ai de mim! Nesse dia serão pegos e nunca mais verão a mata.

As codornas obedeceram às instruções do rei e, quando a rede foi lançada sobre elas, voaram até uma colina e fugiram. O homem voltava todos os dias sem um centavo, e sua esposa estava muito, muito zangada.

— Não se preocupe — disse ele uma noite à esposa. — Essas codornas danadas vão brigar um dia desses e aí serão apanhadas facilmente.

E aconteceu que, uma vez, uma codorna pisou na cabeça de outra.

— Eu vou lhe dar o que você merece!

— gritou, com raiva a codorna ferida, pulando na outra e batendo em sua asa. — Saia, saia!

O Rei Codorna, vendo a briga, disse aos outros:

— Não vamos ficar aqui. Esses dois pássaros infelizes certamente vão acabar mal.

E voou com aqueles que acataram seu aviso.

Enquanto as duas codornas briguentas continuavam discutindo, uma estranha nuvem escura cobriu suas cabeças. Era a rede!

Muitas outras foram apanhadas com elas e levadas para a vila para serem mortas. Mas o sábio Rei Codorna e aquelas que seguiram seu conselho nunca foram pegos, e, na pequena floresta silenciosa, viveram felizes para sempre.

DESENVOLVENDO PENSAMENTOS INDEPENDENTES

Explore estas questões com a criança para promover interpretação de texto, reflexão filosófica e o desenvolvimento de decisões pessoais.

1 O que acontecia todos os dias na floresta que deixava as codornas assustadas?

2 O caçador era esperto? Como ele sabia que um dia as codornas brigariam?

3 Qual é a importância de resolver conflitos de forma pacífica, como o Rei Codorna sugeriu?

Estas perguntas são um convite à reflexão. Sinta-se livre para adaptá-las ou criar novas. Se a leitura for antes de dormir, considere deixar a conversa para o dia seguinte, priorizando o relaxamento. O mais importante é o diálogo, não a resposta.

NOOR INAYAT KHAN / 1939

O INCÊNDIO NA FLORESTA

Codornas enfrentam o fogo na floresta, aprendendo o valor da cooperação e coragem.

— Sejam bonzinhos, meus pequeninos — dizia a mãe de sete pequenas codornas, que chilreavam no ninho. — O papai e a mamãe vão trazer para vocês pequenos vermes, insetos e sementes de grama.

Mas sempre que a mãe e o pai voltavam para o ninho, seis pequenas codornas engoliam avidamente os vermes e insetos, e a sétima só comia sementes de grama. Assim, enquanto as asas de seus irmãos cresciam fortes e firmes, as asas da pequena não cresciam.

Uma noite, enquanto a família estava pacificamente aconchegada, eles foram acordados por gritos tristes vindos do coração da floresta. A mãe, o pai e as sete pequeninas espiaram por cima da borda do ninho.

O que eram aquelas nuvens vermelhas de fogo que rugiam sobre as árvores longínquas?

As codornas começaram a chorar, e a mãe e o pai as mantiveram firmes sob suas asas.

Crack... crack... bzz... bzz... faziam as grandes nuvens vermelhas.

— Veja, pai — gritou a sétima codorna —, há fogo na floresta.

As chamas penetraram na floresta, rápidas como o vento, queimando cada arbusto e árvore em seu caminho. O rugido se aproximou e logo o fogo alcançou o ninho. Não havia tempo a perder, a mãe e o pai codorna fugiram com os seis filhotes. Mas o sétimo, o pequeno, ficou sozinho, já que ainda não tinha asas para voar.

Bzz... bzz... faziam as grandes nuvens vermelhas, enquanto dançavam ao redor do ninho. Mas a pequena codorna não teve medo, olhou firmemente com seus dois olhinhos cintilantes para as chamas e falou com uma voz suave e estridente para elas.

— Sou pequena e não tenho asas. Por que vocês vêm para este minúsculo ninho, onde estou sozinha? Sigam seu caminho, poderosas chamas, aqui não há nada para vocês!

Enquanto falava, o fogo violento se afastou e desapareceu por entre as árvores, e a floresta ficou em silêncio.

Uma a uma, as vozes começaram a se erguer do musgo, e os sapos anunciaram que tudo estava tranquilo. Uma a uma, as cabecinhas se levantaram dos esconderijos para espiar. As nuvens de fumaça foram sopradas para longe, e a Rainha Lua sorriu novamente por entre as árvores.

A pequena codorna também sorriu em seu ninho, vendo que a floresta voltava a despertar, e viveu feliz para sempre.

DESENVOLVENDO PENSAMENTOS INDEPENDENTES

Explore estas questões com a criança para promover interpretação de texto, reflexão filosófica e o desenvolvimento de decisões pessoais.

1. Por que a sétima codorna não conseguia voar como seus irmãos?

2. Como a floresta ficou depois que o fogo se afastou?

3. O que você acha que a pequena codorna sentiu ao ver o fogo se aproximando?

4. O que significa ter coragem? Você acha que alguém pode ser corajoso mesmo sendo pequeno ou com medo?

Estas perguntas são um convite à reflexão. Sinta-se livre para adaptá-las ou criar novas. Se a leitura for antes de dormir, considere deixar a conversa para o dia seguinte, priorizando o relaxamento. O mais importante é o diálogo, não a resposta.

Fábulas
BUDISTAS

NOOR INAYAT KHAN / 1939

O FIM DO MUNDO

Um mal-entendido causa pânico entre os animais, ensinando sobre a importância de verificar fatos.

Um dia, uma pequena lebre sentou-se sob uma árvore frutífera e pensou... e pensou... e pensou.

O que, meus filhos, a pequena lebre pensou debaixo da árvore?

O que vai acontecer comigo quando o mundo

acabar?, refletia, e, naquele exato momento, uma fruta caiu da árvore. A pequena lebre saiu correndo tão rápido quanto suas pernas podiam carregá-la, certa de que o barulho da fruta caindo no chão era o do mundo se despedaçando. E ela correu e correu, sem ousar olhar para trás.

— Irmã, irmã — chamou outra lebre que a viu correndo. — Por favor, diga o que aconteceu!

Mas a pequena lebre continuou correndo e nem se virou para responder. A outra lebre correu atrás dela, chamando cada vez mais alto:

— O que aconteceu, irmãzinha, o que aconteceu?

Por fim, a pequena lebre parou por um momento e disse:

— O mundo está acabando!

Com isso, a outra lebre começou a correr ainda mais rápido e uma terceira lebre se juntou a elas, e uma quarta, e uma quinta, até que cem mil lebres estavam correndo pelos campos. Elas correram pela floresta e pela selva profunda, e os veados, os javalis, os alces, os búfalos, os bois, os rinocerontes, os tigres, os leões e os elefantes, ouvindo que o mundo estava chegando ao fim, correram descontroladamente com elas.

Mas entre os que viviam na selva estava

um leão, um leão sábio, que sabia tudo o que acontecia no mundo. E quando ouviu que milhares de animais fugiam porque acreditavam que o mundo estava acabando, ele pensou: *Nossa terra está longe de acabar, mas minhas pobres criaturas vão morrer se eu não as salvar, pois com seu medo elas correrão para o mar.*

O leão correu a tal velocidade que alcançou uma montanha que estava no caminho deles antes que chegassem. Ao passarem pela montanha, o leão rugiu três vezes, tão poderosamente, que os animais se detiveram em sua fuga louca e ficaram parados perto uns dos outros, tremendo.

O grande leão desceu da montanha e se aproximou deles.

— Por que vocês estão correndo tanto?

— O mundo está acabando — responderam.

— Quem o viu começando a acabar?

— Os elefantes.

— Vocês viram a Terra acabando? — perguntou o leão aos elefantes.

— Não, nós não vimos, os leões viram.

— Vocês viram? — perguntou aos leões.

— Não, os tigres viram.

— Vocês viram? — perguntou aos tigres.

— Os rinocerontes viram.

Mas os rinocerontes disseram:

— Os bois viram.

Os bois disseram:

— Os búfalos viram.

Os búfalos disseram:

— Os alces viram.

Os alces disseram:

— Os javalis viram.

Os javalis disseram:

— Os cervos viram.

Os cervos disseram:

— As lebres viram.

E as lebres disseram:

— Aquela pequenina nos disse que o mundo estava acabando.

— Você viu o mundo acabando? — perguntou o leão à pequena lebre.

— Sim, senhor. Eu vi.

— Onde você estava quando viu?

Com a voz trêmula, a pequena lebre respondeu:

— Eu estava sentada debaixo de uma árvore frutífera pensando: *O que vai acontecer comigo quando o mundo acabar?* Foi quando ouvi o barulho do mundo acabando e corri.

O grande leão pensou: *Ela estava sentada sob uma árvore frutífera, certamente o barulho que ouviu foi o de uma fruta caindo no chão.*

— Suba nas minhas costas, pequenina — disse ele —, e mostre-me onde você estava.

A pequena lebre saltou em suas costas, e o grande leão correu até o local, mas, ao se aproximarem da árvore frutífera, a lebre pulou, com medo de voltar ao local. Ela apontou a árvore para o leão, dizendo:

— Senhor, aí está a árvore.

O grande leão foi até lá e viu o lugar onde a pequena lebre estava sentada e o fruto que havia caído da árvore.

— Venha aqui, pequenina — chamou ele. — Onde você viu o mundo acabando?

A pequena lebre, depois de olhar em volta e ver a fruta no chão, soube que não havia motivo para o susto, pulou mais uma vez nas costas do leão, e eles voltaram para os milhares de criaturas que esperavam seu retorno. O leão então disse à grande multidão que o barulho que a pequena lebre ouvira era de uma fruta caindo no chão.

E assim todos voltaram, os elefantes para a selva, os leões para as cavernas, os cervos para as margens do rio, e a pequena lebre para a árvore frutífera, e todos viveram felizes para sempre[2].

2 Esta fábula é muito conhecida mundialmente. *Chicken Little,* ou " O pequeno galinho", é uma história europeia, mas com variações em países como Estados Unidos e Noruega. As variações não têm final feliz como a versão de Khan. [N. E.]

DESENVOLVENDO PENSAMENTOS INDEPENDENTES

Explore estas questões com a criança para promover interpretação de texto, reflexão filosófica e o desenvolvimento de decisões pessoais.

1. Por que a pequena lebre começou a correr?

2. Como o leão conseguiu parar a fuga dos animais?

3. O que você acha que a lebre sentiu quando ouviu o barulho da fruta caindo?

4. Por que é importante verificar os fatos antes de acreditar em algo?

Estas perguntas são um convite à reflexão. Sinta-se livre para adaptá-las ou criar novas. Se a leitura for antes de dormir, considere deixar a conversa para o dia seguinte, priorizando o relaxamento. O mais importante é o diálogo, não a resposta.

NOOR INAYAT KHAN / 1939

O GANSO DOURADO

Um ganso dourado ensina ao rei sobre verdadeira amizade e sabedoria.

— Nuvens douradas estão passando sobre a nossa cidade! — gritou, um dia, o povo de Benares, pois o céu estava coberto de ouro. Não era nem nuvem nem o rastro de uma estrela, o ouro fluía das asas de um ganso, um lindo ganso, voando lenta e majestosamente pelo ar.

O rei ergueu os olhos da torre de seu palácio.

— Grande pássaro — exclamou com espanto —, daqueles que voam, certamente você é o rei.

Ele chamou os cortesãos, que tocaram música e trouxeram guirlandas de flores e perfumes, assim o rei homenageou o belo visitante.

O ganso olhou para baixo e, vendo o rei e seus cortesãos e as guirlandas de flores e ouvindo a doce música, voltou-se para o bando de gansos que o seguia:

— Por que o rei me honra assim? — perguntou.

— Senhor, com certeza ele deseja ser seu amigo — responderam os gansos.

Com isso, o pássaro dourado desceu a terra e saudou o rei. Depois, voltou para seus companheiros no céu.

No dia seguinte, o rei caminhava pelos jardins perto do lago de Anokkatta quando o grande pássaro veio novamente até ele, carregando água em uma asa e pó de sândalo na outra. Sua visita não durou mais do que a anterior, pois, após aspergir a água sobre o rei e espalhar o pó sobre ele, o ganso imediatamente se juntou a seus companheiros e voou para seu reino em Cittakutta.

Com o passar do tempo, o rei de Benares ansiava cada vez mais por ver o pássaro dourado novamente. Todos os dias ele caminhava perto do lago Anokkatta, e todos os dias, olhando para o horizonte distante, suspirava:

— Meu amigo vai voltar mais uma vez?

Mas o ganso dourado estava longe, nas montanhas de Cittakutta, com seu grupo de noventa mil gansos. Todos amavam seu rei e estavam muito, muito felizes.

Um dia, os dois mais jovens do grupo foram até o ganso dourado e, depois de fazerem uma reverência, disseram:

— Viemos para nos despedir de você, ó rei! Vamos fazer uma corrida com o sol.

— Meus pequeninos — respondeu o ganso —, suas pequenas asas são muito frágeis para voar com o sol, vocês morreriam no caminho, portanto, sejam sábios e fiquem.

Mas os jovens gansos persistiram. Eles perguntaram uma segunda vez, e uma terceira vez, e, ainda que ouvindo sempre a mesma resposta do rei, decidiram partir sem sua permissão. Assim, antes do nascer do sol, eles fugiram para o monte Yughandara e esperaram até o sol aparecer.

Mas o rei sabia que os pequenos gansos tolos haviam partido e que aguardavam em Yughandara. Ele voou rapidamente para o monte, e, quando o grande sol vermelho apareceu no céu, e os dois pequenos gansos abriram suas asas, ele os seguiu.

O menor deles havia voado por algumas horas quando suas asas bateram debilmente e não conseguiram mais carregá-lo. Mas o rei voava a seu lado e, assim que viu que o jovem estava prestes a cair no chão, foi até ele, acalmou-o e carregou-o em suas asas até Cittakutta.

Então o ganso dourado retornou para o outro pequeno ganso e, voando mais rápido que o sol, o alcançou e ficou ao seu lado.

— Senhor — choramingou o jovem ganso —, já não posso mais voar.

O grande pássaro o colocou gentilmente sobre suas asas e também o carregou até Cittakutta.

E se eu ultrapassasse o sol, que está agora em seu apogeu?, pensou o grande pássaro.

E, perfurando as nuvens, perfurando o espaço, ele ultrapassou o sol mil vezes.

Mas depois de um tempo, pensou: *O que é o sol para mim? Por que devo apostar corrida com ele? Uma missão muito maior me espera. Irei ao meu amigo, o rei de Benares, e falarei com sabedoria com ele, e ele e seu povo ficarão felizes.*

O ganso, então, voou por todo o mundo, de uma ponta a outra, até que finalmente chegou a Benares.

Mais uma vez, a cidade foi iluminada por uma névoa dourada. Descendo lentamente, o rei ganso pousou.

— Chegou o meu amigo! — exclamou o rei de Benares, com alegria. E aplausos ressoaram pelo palácio. O próprio rei trouxe um trono de ouro para o pássaro e ordenou-lhe: — Entre e sente-se comigo.

E, depois de refrescar suas asas com perfume e dar-lhe água fresca para beber, o rei sentou-se ao seu lado para que pudessem conversar.

— De onde você vem, ó belo pássaro? Desde que sobrevoou Benares, tenho saudades de vê-lo de novo.

— Eu venho de Cittakutta, das montanhas silenciosas — respondeu o grande ganso.

Ele então contou ao rei a história de sua corrida com o sol. Os olhos do rei brilhavam enquanto ele ouvia.

— É possível que o veja correndo com o sol? — perguntou humildemente ao pássaro.

— Não — respondeu o ganso —, isso nunca pode ser visto. Mas talvez eu possa mostrar-lhe de outra maneira, ó rei, a velocidade do meu voo.

— De que maneira, lindo pássaro?

— Chame quatro arqueiros e ordene-lhes que atirem suas flechas contra uma parede, todos de uma vez, e, antes que elas toquem na parede, eu as pegarei com meu bico.

O rei fez o que o pássaro pediu e, quando os quatro arqueiros dispararam suas flechas, o grande pássaro as pegou. Nenhuma flecha tocou a parede.

— Excelente! — exclamou o rei. — Pode alguma velocidade ser comparada à sua, ó milagroso?

— Sim — respondeu o pássaro —, há uma velocidade maior que a minha. Cem vezes mais rápida, mil vezes mais rápida, cem mil vezes mais rápida é a velocidade do tempo. Prazeres, riquezas, palácios! O tempo os leva embora mais rápido do que meu voo mais veloz!

O rei, ao ouvir essas palavras, estremeceu de medo. Mas o ganso consolou-o e disse-lhe, gentilmente:

— Ó rei, não temas. Se você ama seu povo e tenta fazê-lo feliz, o que importa se o tempo passar?

Lágrimas encheram os olhos do rei.

— Grande pássaro, não me deixe sozinho para governar. Fique sempre ao meu lado no palácio e converse comigo, para que eu seja feliz e faça o meu povo feliz.

— Não, não ficarei. Um dia, depois de beber vinho, você pode dizer: "Mate esse pássaro, para que possamos nos banquetear com ele".

— Eu jamais colocarei vinho na boca enquanto você estiver aqui! — exclamou o rei.

— Os gritos dos leões e dos pássaros são claros e verdadeiros — disse o ganso —, mas as palavras dos homens não são tão verdadeiras como elas. Não, eu voltarei ao meu reino e, se você me amar, seremos amigos, embora longe.

— Nunca mais o verei? — perguntou o rei.

— Talvez um dia eu volte, e então nos veremos novamente.

Com essas palavras, o ganso desdobrou suas asas e alçou voo, o céu tornou-se dourado novamente, e o reino foi feliz para sempre.

DESENVOLVENDO PENSAMENTOS INDEPENDENTES

Explore estas questões com a criança para promover interpretação de texto, reflexão filosófica e o desenvolvimento de decisões pessoais.

1. O que o rei viu no céu que o deixou maravilhado?

2. O que o ganso dourado mostrou ao rei com a história das flechas?

3. Por que você acha que o rei queria ser amigo do ganso dourado?

4. Você acha que é possível ser feliz fazendo outras pessoas felizes? Por quê?

Estas perguntas são um convite à reflexão. Sinta-se livre para adaptá-las ou criar novas. Se a leitura for antes de dormir, considere deixar a conversa para o dia seguinte, priorizando o relaxamento. O mais importante é o diálogo, não a resposta.

NOOR INAYAT KHAN / 1939

O NOBRE CAVALO

Um cavalo corajoso ajuda seu cavaleiro a vencer sete exércitos, destacando a importância da bravura.

Meus pequeninos, como vocês teriam adorado acariciar a crina sedosa de uma criatura tão dócil quanto o amado cavalo de Brahmadatta, rei de Benares.

Ele era mais bonito e mais elegante do que qualquer cavalo no mundo, rápido como um cervo e gracioso como um cisne. Havia uma luz suave em seus olhos e seus passos eram tão majestosos que ele não poderia ser outra coisa, senão o cavalo de um rei.

Seu estábulo era um palácio. Uma lâmpada com óleo perfumado queimava nele dia e noite, e cortinas de um rosa suave com estrelas douradas pendiam do teto.

Naquela época, Benares era o reino mais feliz da Índia. Era rico e estava florescendo, e era muito maior do que qualquer outro estado. Assim, muitos reis tinham inveja e alguns decidiram declarar guerra contra Benares, temendo que o reino se tornasse mais poderoso que o deles.

Sete desses reis reuniram seus exércitos e marcharam em direção ao poderoso reino, e Brahmadatta chamou um de seus cavaleiros.

— Nossos inimigos se aproximam dos portões da cidade, seu rei e seu país estão em perigo. Você pode, meu bravo guerreiro, lutar contra sete reis?

— Não apenas contra sete reis — respondeu o cavaleiro —, mas contra cem reis, Majestade, se eu puder montar em seu cavalo, o nobre.

— Leve meu cavalo — respondeu Brahma-

datta — e vá para a batalha. Retorne vitorioso, seu rei e seu país confiam em você.

O cavaleiro, montado no cavalo galante, avançou para a batalha, e como uma tempestade passando sobre os campos de trigo, derrubou o primeiro inimigo, capturou o rei e o levou como prisioneiro para Benares.

De novo foi à batalha, derrotou o segundo exército e levou o segundo rei como prisioneiro.

Um destino similar caiu sobre o terceiro, o quarto e o quinto reis, mas ao capturar o sexto, o cavalo ficou ferido.

Ao retornar para o palácio, a nobre criatura caiu ao chão e o cavaleiro gentilmente removeu seus arreios. Como o homem não podia ficar, trouxeram-lhe outro cavalo.

Quando o cavaleiro estava prestes a montar, o cavalo ferido abriu os olhos, e ele pensou: *Meu bravo cavaleiro será morto. Em outro cavalo, ele jamais poderá derrotar o sétimo exército. Benares será tomada pelo inimigo.*

E, chamando o cavaleiro, o cavalo lhe falou com uma voz profunda.

— Bravo cavaleiro, seja sábio. Não leve outro cavalo, pois somente eu posso ajudá-lo a derrotar o sétimo exército. Coloque a armadura mais uma vez sobre minhas costas, e juntos seremos vitoriosos.

O cavaleiro enfaixou as feridas da nobre criatura, montou em suas costas e cavalgou para o campo de batalha. Os inimigos eram muitos e a batalha foi difícil, mas, por fim, o sétimo exército foi derrotado e o sétimo rei capturado.

Mas quando a batalha acabou, o nobre cavalo caiu, sangrando.

O rei se ajoelhou ao seu lado, acolhendo-o, e um sussurro suave surgiu dos lábios do animal.

— Não fique triste, meu rei. Minhas feridas não me causam dor, pois conseguimos a vitória. Não execute os prisioneiros. Deixe-os retornar para casa com a promessa de que nunca mais atacarão Benares.

Tendo dito essas palavras, o grande cavalo fechou os olhos e morreu.

Mas sua memória viveu por muito tempo na Terra, e Brahmadatta seguiu seu conselho.

Os sete reis foram libertados e nunca mais guerrearam novamente. As pessoas de todos os reinos se amaram e viveram felizes para sempre.

DESENVOLVENDO PENSAMENTOS INDEPENDENTES

Explore estas questões com a criança para promover interpretação de texto, reflexão filosófica e o desenvolvimento de decisões pessoais.

1. Quantos reis o cavaleiro e o cavalo derrotaram juntos?

2. O que o cavalo pediu ao cavaleiro quando ficou ferido?

3. Na sua opinião, o que o cavaleiro e o cavalo sentiram ao vencer a batalha final?

4. O que você acha que é mais importante: vencer uma batalha ou fazer as pazes? Por quê?

Estas perguntas são um convite à reflexão. Sinta-se livre para adaptá-las ou criar novas. Se a leitura for antes de dormir, considere deixar a conversa para o dia seguinte, priorizando o relaxamento. O mais importante é o diálogo, não a resposta.

NOOR INAYAT KHAN

A vida da princesa indiana e espiã britânica que se tornou uma heroína de guerra

Guerras são movidas por ruidosos exércitos e poderio bélico, mas também são vencidas por trabalhos sigilosos e por algumas pessoas que, no anonimato, dão suas vidas pela liberdade de nações inteiras. A presença de mulheres em momentos-chave de grandes conflitos vem sendo posta sob os holofotes, e uma princesa indiana e espiã britânica é uma daquelas cujo trabalho foi responsável por mudar rumos e trilhar caminhos para a vitória dos Aliados durante a Segunda Guerra Mundial. Por décadas, sua história quase foi esquecida. *Quase*.

Noor Inayat Khan carregava em si uma ancestralidade plural. Filha de pai indiano e mãe americana, nasceu em 1914, em Moscou, na Rússia, passou parte de sua infância na Inglaterra, cresceu na França e levava em suas veias o sangue dos antepassados. Tataraneta de Tipu Sultan, conhecido como o Tigre de Mysore, que se recusou a se submeter ao governo britânico, Noor Inayat Khan era uma princesa muçulmana e pacifista.

Ainda em 1914, com o início da Primeira Guerra Mundial, a família de Noor migrou para a Inglaterra, onde permaneceu por seis anos. Nascida em uma família de artistas, com um pai músico e uma mãe poeta, desde nova a princesa demonstrava uma sensibilidade ímpar que transpareceria nos poemas que ela viria a escrever.

Aos seis anos, ela e sua família se mudaram para a França e passaram a morar nos arredores de Paris. A família gozou de anos felizes até a morte de Hazrat Inayat Khan, pai de Noor. Com a mãe devastada pela perda, coube à filha mais velha assumir as responsabilidades domésticas, aos 13 anos. Além de cuidar da mãe, de seus três irmãos e se dedicar aos estudos, Noor começou a escrever poemas, muitos deles dedicados à matriarca.

Ao final da adolescência, Khan se graduou em Psicologia Infantil, em Sorbonne, além de se dedicar à música, mais uma de suas heranças familiares. Dando vazão à sua veia artística, ela começou a escrever histórias para crianças. Com o tempo, foi se tornando reconhecida pelo trabalho e adquirindo certa segurança, vivendo de suas histórias, tendo escrito para alguns jornais, revistas e até mesmo para rádios francesas. *Twenty Jataka Tales*, um de seus trabalhos publicados, é uma adaptação das histórias ancestrais do budismo que lhe eram contadas quando mais nova.

Em 1939, quando a Segunda Guerra Mundial teve início, Noor Inayat Khan se voluntariou para a Cruz Vermelha, na França, treinando como enfermeira. Em 1940, quando a Alemanha invadiu a França, Noor e sua família abandonaram sua casa e migraram, assim como milhares de outros, deixando Paris rumo à Inglaterra pouco antes de a cidade cair nas mãos dos nazistas.

Apesar de uma criação pacifista, tanto Noor quanto seu irmão Vilayat se alistaram nas forças aéreas, em solo britânico. A princesa acreditava que ela poderia atuar de forma ativa em uma guerra, sem que o ódio não fosse sua motivação.

A revolta contra governos opressores e injustiças sociais serviria como um propósito para Noor ao longo de toda a sua vida. Ao contrário de muitos outros, ela não foi obrigada a ir à guerra, mas o fez por seu desejo intrínseco de tornar o mundo um lugar melhor, ajudando da forma que pudesse. Noor se alistou à Women's Auxiliary Air Force (WAAF), e seu trabalho e habilidades excepcionais chamaram a atenção de um setor específico.

O Special Operations Executive (SOE) foi idealizado para ser um setor ultrassecreto de espionagem e de atuação direta de agentes em campo durante a Segunda Guerra Mundial, criado especialmente por Churchill na guerra contra o fascismo na Europa. Ao contrário do Military Intelligence Section 6 (MI6) – serviço secreto de inteligência britânico –, o SOE tinha como objetivo dar suporte à resistência em países ocupados pelos nazistas, valendo-se de meios não ortodoxos.

A Inglaterra era o único país europeu que ainda resistia à força militar alemã, e o papel dos agentes secretos era fundamental para garantir que isso continuasse. Os agentes do SOE, infiltrados nos países ocupados, eram responsáveis por tentar destruir, de dentro para fora, o regime nazista e facilitar a vitória dos Aliados. Sabotagem industrial e militar, greves, ataques terroristas contra líderes militares e manifestações são alguns dos exemplos.

Durante a Segunda Guerra, as forças de Hitler sabiam como suprimir movimentos internos e forças estrangeiras para além do poderio militar e bélico. A Gestapo, abreviação de Geheime Staatspolizei, era a Polícia Secreta do Estado, uma organização alemã paralela que investigava, prendia e torturava quem se opunha ao Reich. A Gestapo era temida por restringir direitos civis, a fim de manter o controle da população, atuando acima da lei. Prender agentes secretos era tarefa da Gestapo.

Em meados de 1942, foi permitido que

mulheres também atuassem como agentes em campo, isso porque acreditava-se que elas poderiam se sair melhor desempenhando atividades corriqueiras, movendo-se pelos lugares sem levantar tantas suspeitas e, consequentemente, sendo menos interrogadas pela Gestapo do que os homens da época.

O recrutamento para o SOE era feito em segredo, majoritariamente por indicação, e ter aptidão para idiomas era essencial. Apenas saber inglês não era o suficiente, até mesmo falar outras línguas não significava uma chance na organização, se o candidato tivesse qualquer resquício do sotaque britânico. Para um espião, a aparência também era primordial. Isso porque era preciso se passar por francês para os conterrâneos. A linguagem precisava ser idêntica à de um nativo, os costumes deveriam refletir a cultura parisiense, os trejeitos precisariam enganar até o mais astuto dos agentes duplos.

As exigências eram rigorosas porque um candidato que cometesse qualquer erro que pudesse desmascará-lo colocaria em risco não apenas a si mesmo, mas toda a operação e outros agentes em campo. Ele precisava ser perfeito. E, aos olhos do SOE, Noor era a escolha ideal.

Fluente em inglês e francês, tendo passado grande parte de sua vida entre a Inglaterra de Churchill e a França de De Gaulle, Noor seria valiosa para os Aliados, atuando como uma ponte entre os agentes em campo, nos territórios ocupados, e a inteligência britânica.

A radiocomunicação teve um papel fundamental nos rumos da guerra. Por meio de mensagens recebidas, interpretadas e transmitidas pelos operadores, em sua maioria usando o Código Morse, era possível definir estratégias e tomar decisões mais assertivas, que poderiam representar vitórias valiosas.

Rádio-operadores tinham o trabalho mais perigoso de todos os agentes, porque a possibilidade de serem capturados era enorme. Esses agentes tinham mais chances de terem seus disfarces revelados, uma vez que precisavam andar com seu equipamento o tempo todo e era praticamente impossível dar uma explicação para seu uso, caso fossem interrogados.

Em 16 de junho de 1943, sob o codinome Madeleine, Noor Inayat Khan, ou Nora Baker, seu pseudônimo britânico, foi a primeira mulher rádio-operadora a ser enviada para a França ocupada. Noor foi designada para atuar na rede liderada por Emile Garry, em Paris, e, em poucas semanas, já era a única remanescente.

Noor contou com inteligência e astúcia para se manter viva, seguindo como o único elo do SOE entre Paris e Londres, permitindo que armas e recursos fossem entregues com sucesso aos Aliados, além de garantir o transporte seguro de agentes entre os territórios. Diante do perigo, foi sugerido que ela retornasse à Inglaterra, mas decidiu continuar em solo francês.

Na Paris completamente tomada pelos nazistas, a chance de sobrevivência era pequena, porque era preciso usar o metrô e passar por vários pontos de revista da Gestapo. A estimativa de vida de alguém com o cargo de Noor, em campo, na época, era de seis semanas, em média. A Gestapo sabia que se pegasse o operador de rádio – o único *link* entre os agentes em campo e a Baker Street, sede do SOE em Londres – teria informações essenciais.

Durante meses, Noor conseguiu se esquivar da Gestapo, mudando o visual e se locomovendo com eficiência e rapidez, nunca ficando por muito tempo ou fazendo suas transmissões em um mesmo lugar. Até para as pessoas próximas, Noor se apresentava como Nora Baker, um nome mais tipicamente britânico, para não colocar em risco o irmão, que ainda estava na França. E foi com esse nome que a princesa foi traída. Historiadores divergem quanto a quem foi o traidor que entregou Noor à Gestapo, mas, em outubro de 1943, ela foi capturada e presa.

Sua teimosia se equiparava à persistência do interrogador. Mesmo assustada, com medo por si, por sua mãe e por um de seus irmãos que ainda morava em Paris, ela se recusou a cooperar. Recusou-se a comer e a responder as perguntas, protegendo não só agentes, mas inocentes que faziam parte da rede da SOE e que os ajudaram, de alguma forma, em solo francês.

Após duas tentativas de fuga malsucedidas, e depois de se recusar a assinar um termo em que se comprometia a não repetir o feito, ordens diretamente de Berlim instruíram que ela fosse enviada para a Alemanha, uma vez que era considerada perigosa demais para ser mantida em um local sem a supervisão adequada.

Ao contrário dos outros prisioneiros, por conta de suas fugas, ela recebia rações mais escassas, não lhe era permitido sair da cela, e tinha suas mãos e pés acorrentados, de forma que tornava impossível que se limpasse e se trocasse sozinha, além de não ter contato com o exterior e com outros prisioneiros. Shrabani Basu, biógrafa de Khan, relata que o tratamento diferenciado e brutal que a espiã recebia também se devia à cor mais escura de sua pele, em comparação a de outros prisioneiros.

Estima-se que ao menos vinte mil campos de concentração foram usados entre 1933 e 1945, na Alemanha e em outros territórios ocupados pelos nazistas. Dachau foi o primeiro a ser construído e seria o local para onde se levaria Noor em seus últimos dias. Uma noite antes de ser assassinada, Noor foi agredida, violentada e torturada. Em 13 de setembro de 1944, a princesa e espiã foi executada.

Por muito tempo não se teve notícias de seu paradeiro. Apenas alguns anos após a guerra, por meio de pessoas que tiveram contato com a agente na época em que estava presa, foi possível afirmar, com certeza, que Noor havia sido executada em Dachau, menos de sete meses antes de o campo ser libertado pelos Aliados. Instantes antes de ser morta, Noor proferiu sua última palavra: *liberté*. Liberdade.

Durante décadas, Noor foi lembrada como

Photograph courtesy of the Nekbakht Foundation, www.nekbakhtfoundation.org

uma figura-chave na luta contra o nazismo e como um exemplo de integridade, lealdade e justiça. À época, quando questionada pelos recrutadores britânicos acerca de seu posicionamento quanto à independência da Índia, Noor não mentiu e se mostrou favorável à luta por direitos dos indianos colonizados. Anos após a sua morte, seu irmão chegou a dizer que acreditava que Noor, se sobrevivesse à guerra, provavelmente se colocaria ao lado dos que lutavam pela independência.

Postumamente, ela foi condecorada com a George Cross, a mais alta honraria civil do Reino Unido, e uma Croix de Guerre, da França. Em 2012, Noor ganhou um busto de bronze instalado no terreno de sua antiga casa em Londres, inaugurado pela princesa Anne.

Em 2020, Noor foi a primeira mulher de origem sul-asiática a receber a Blue Plaque, uma honraria dedicada a figuras importantes para a história britânica. Sua placa azul foi colocada na Taviton Street, em Bloomsbury, Londres, onde morou pouco antes de ser enviada à França para cumprir sua missão.

Sua história, assim como a de várias mulheres cuja presença foi fundamental para a vitória dos Aliados, vem sendo redescoberta, e suas contribuições, reconhecidas. Noor Inayat Khan deixaria para sempre sua marca como uma das mulheres que deu a vida pela liberdade de milhões[3].

AUTORIA DA BIOGRAFIA

Laura Brand é editora e coordenadora editorial, jornalista e produtora de conteúdo. Graduada em Comunicação Social pela PUC-Minas, especializou-se no trabalho com livros em algumas instituições, dentre elas a *Columbia Journalism School* com o *Columbia Publishing Course*, em Oxford. É completamente apaixonada por livros e acredita que cada página guarda uma história incrível que merece ser contada.

3 Bibliografia: Livro "Spy Princess: The Life of Noor Inayat Khan", de Shrabani Basu | NOOR INAYAT KHAN – SOE – https://war-experience.org/lives/noor-inayat-khan-soe/ | The Life of Noor Inayat Khan, World War II Spy Heroine – https://www.thoughtco.com/noor-inayat-khan-biography-4582812 | Noor Inayat Khan: The forgotten Muslim princess who fought Nazis – https://www.aljazeera.com/features/2020/10/28/noor-inayat-khan

Este livro foi impresso
na fonte Bookerly em papel
Pólen® Bold 70g/m².

Os papéis utilizados nesta edição
provêm de origens renováveis.
Nossas florestas também
merecem proteção.

MAIS TESOUROS JUVENIS PELA WISH:

A Princesinha
A Princesa e o Goblin
Pinóquio
Peter Pan & Wendy
A Maravilhosa Terra dos Snergs
Bambi, a história de uma vida na floresta
Papai Pernilongo

WISH

PUBLICAMOS TESOUROS LITERÁRIOS PARA VOCÊ

editorawish.com.br